EL HOMBRE VISIBLE E INVISIBLE

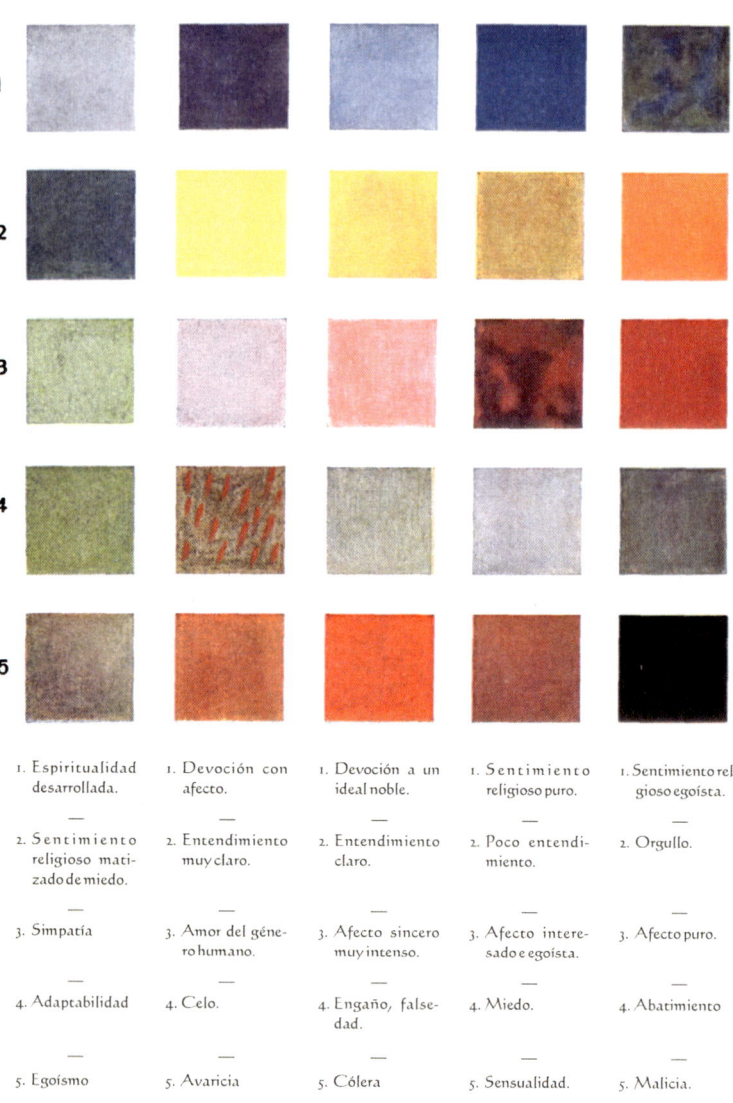

1. Espiritualidad desarrollada.	1. Devoción con afecto.	1. Devoción a un ideal noble.	1. Sentimiento religioso puro.	1. Sentimiento religioso egoísta.
—	—	—	—	—
2. Sentimiento religioso matizado de miedo.	2. Entendimiento muy claro.	2. Entendimiento claro.	2. Poco entendimiento.	2. Orgullo.
—	—	—	—	—
3. Simpatía	3. Amor del género humano.	3. Afecto sincero muy intenso.	3. Afecto interesado e egoísta.	3. Afecto puro.
4. Adaptabilidad	4. Celo.	4. Engaño, falsedad.	4. Miedo.	4. Abatimiento
—	—	—	—	—
5. Egoísmo	5. Avaricia	5. Cólera	5. Sensualidad.	5. Malicia.

EL HOMBRE VISIBLE E INVISIBLE

EJEMPLOS DE DIFERENTES CLASES DE HOMBRES TAL
COMO PUEDE OBSERVARLOS UN EXPERTO CLARIVIDENTE

POR

C. W. LEADBEATER

CON UN FRONTISPICIO, TRES DIAGRAMAS Y VEINTIDÓS
LÁMINAS DE COLORES

TRADUCIDO POR

LUIS AGUILERA FERNÁNDEZ

M. S. T.

SEGUNDA EDICIÓN ESPAÑOLA
REVISADA Y CORREGIDA POR

FEDERICO CLIMENT TERRER

M. S. T.

❧

BIBLIOTECA ORIENTALISTA
EDITORIAL TEOSÓFICA
R. MAYNADÉ
CALLE DE LA PRINCESA, 14. - BARCELONA (ESPAÑA)
1920

© de la presente edición
   del 2025:

Editorial Gráficas Maxtor
   Fray Luis de León, 20
   47002 Valladolid (España)
   +34 983 090 110
   info@graficasmaxtor.es
   www.graficasmaxtor.es

I.S.B.N. 978-84-1171-106-7
depósito legal: DL VA 209-2025

NOTA DEL AUTOR

El autor desea expresar su vivísimo agradecimiento a los dos amigos teósofos que elaboraron las láminas de esta obra; el conde Mauricio Prozor que las dibujó y pintó del natural, y la señorita Gertrudis Spinck, que invirtió muchos días en copiarlas pacientemente por un procedimiento especial, a fin de reproducirlas fielmente en fotograbado.

ÍNDICE DE MATERIAS

ÍNDICE DE LAS LÁMINAS DE COLORES

EL HOMBRE VISIBLE E INVISIBLE

CAPÍTULO I

Cómo podemos conocerlo

El hombre es un sér sumamente complejo, y su pasada, presente y futura evolución constituye un estudio de inagotable interés para todo aquel que sabe ver y comprender. ¿Por qué laboriosas eternidades de gradual desarrollo pasó antes de alcanzar su actual nivel? ¿Qué grado ocupa actualmente en la larga escala, símbolo de su progreso? ¿Qué nuevas posibilidades de adelanto nos oculta todavía el velo del porvenir? Estas preguntas son de tal índole, que pocos pueden permanecer indiferentes ante ellas, y en el transcurso de las edades han avasallado a todo hombre, por poco pensador que fuera.

Numerosas y variadas respuestas ha dado nuestro mundo occidental. Se han expuesto muchas disertaciones dogmáticas, basadas en diferentes interpretaciones de la supuesta revelación. Muchas e ingeniosas especulaciones se han formulado, fruto en algunos casos de un estrecho razonamiento metafísico. Sin embargo, el dogmatismo expone postulados en realidad imposibles, mientras que la especulación sigue casi siempre un sendero enteramente materialista, aunque esforzándose en alcanzar un resultado satisfactorio, considerando nulos y apócrifos la mitad de los fenómenos de que vamos a dar cuenta. En suma, ni el dogmatismo ni la especulación abordan el problema desde un punto de vista práctico, como una cuestión capaz de estudio y análisis lo mismo que otra ciencia cualquiera.

La Teosofía preconiza una teoría basada en ideas completamente diferentes. Sin dejar de reconocer el valor de los conocimientos que cabe adquirir por el estudio de las Escrituras antiguas, o bien por el razonamiento filosófico, considera la constitución y evolución del hombre derivada de la investigación y no de la especulación; apoyada en hechos positivos y no en vagas teorías. Sus declaraciones son perfectamente precisas. Todo aquel que quiera prepararse para este estudio puede examinar directamente el pasado, el presente y el porvenir del hombre. Mirando el destino del hombre desde este punto de vista, aparece formando parte de un vasto, magnífico, coherente y claramente comprensible plan, en concordancia con las antiguas enseñanzas religiosas, las cuales explica, sin quedar en modo alguno bajo su dependencia. Se puede comprobar este plan en todas sus partes por el uso de las facultades internas, que si bien todavía latentes en la mayor parte de los hombres, las han puesto ya en práctica un considerable número de nuestros estudiantes.

En lo concerniente a la historia del pasado del hombre, la teoría teosófica no solamente se apoya en el concordante testimonio de la tradición de las primitivas religiones sino también en los definidos anales que pueden ver y consultar cuantos posean el grado necesario de clarividencia para percibir las vibraciones de la sutilísima materia donde están impresos.

En cuanto al porvenir de nuestra humanidad, los conocimientos reunidos por esta teoría proceden: 1.º de lógicas deducciones inferidas del carácter particular de los progresos ya realizados; 2.º de directos informes dados por hombres que alcanzaron determinadas cualidades que para la mayoría de nosotros constituirán un estado venidero, más o menos lejano; 3.º de la comparación entre los hombres avanzadamente evolucionados y los que tienen el privilegio de relacionarse con ellos. Nos imaginamos fácilmente que sin conocer las leyes de la naturaleza pueda un niño darse cuenta de que crecerá y se hará hombre, por el sólo hecho de que ha crecido ya en cierta medida, y ve en su alrededor otros niños y jóvenes en los distintos grados de crecimiento que le separan del estado adulto.

El estudio de la condición actual del hombre, los métodos inmediatamente aplicables para favorecer su evolución, y el de los efectos producidos en esta evolución por sus pensamientos, emociones y acciones, representa para el estudiante de teosofía un campo de investigación que conviene desde luego relacionar con el capital principio de las leyes ya conocidas, y proceder en seguida a la observación cuidadosa y a la comparación atenta de numerosos casos particulares, a fin de comprender en pormenor la actuación de dichas leyes. En efecto; este estudio es una sencilla cuestión de videncia, y este libro se publica con la esperanza de que ayude al estudiante no dotado todavía de dicha facultad, a comprender cómo aparecen el alma y sus vehículos a la visión clarividente; y por otra parte, ayudar al gran número de personas que comienzan a ejercitar con más o menos perfección esta facultad, para que comprendan el significado de lo que ven.

Sé muy bien cuán lejos está todavía la generalidad de las gentes de creer en la facultad de la clarividencia; pero también sé que cuantos estudiaron detenidamente esta cuestión, hallaron incontrovertibles pruebas en su favor. Podemos permitirnos el tener por nulas las positivas convicciones generalmente expresadas con tanta vehemencia, por quienes no la han *estudiado.* Yo creo que toda persona inteligente que se tome el trabajo de leer los relatos de innegable autenticidad insertos en mi obra: *Clarividencia,* y consulte las obras de donde se entresacaron, descubrirá inmediatamente una considerable suma de testimonios en pró de la realidad de la clarividencia. A quienes la poseen, y diariamente la practican de cien maneras diferentes, les parecerán ridículas las negaciones de la ignorante mayoría que discuten tal posibilidad, pues para el clarividente no hay motivo de discusión. Si un ciego asegurase que no existe la vista física ordinaria y que nos alucinamos creyendo poseer esta facultad, probablemente pensaríamos que no vale la pena de discutir largo y tendido en defensa de nuestra supuesta alucinación sino que diríamos simplemente: « *Yo veo,* sin duda alguna, y por lo tanto es inútil tratar de convencerme de que no veo, porque la experiencia diaria me demuestra lo contrario. Así rehuyo toda discusión de los primitivos hechos cuyo definido conocimiento poseo». De este modo piensa el clarividente experto cuando los ignorantes declaran con toda seriedad, imaginaria e imposible la clarividencia, de la cual es necesario valerse en aquel mismo instante para leer los pensamientos de los presuntos sabios que la discuten.

No trataré de demostrar en este libro la realidad de la clarividencia. La considero demostrada y por lo tanto paso a describir lo que permite ver. Tampoco repetiré aquí los pormenores sobre los métodos de clarividencia expuestos en mi ya citada obra. Me atendré a la exposición sucinta de los principios generales, absolutamente necesarios para que el lector ajeno a toda noción teosófica comprenda la presente obra.

CAPÍTULO II

Los planos de la Naturaleza

Antes de exponer los principios generales, es necesario explicar algunos hechos descubiertos por medio de la clarividencia. El primer punto que debemos comprender claramente es la maravillosa complejidad del Universo que nos rodea y que contiene muchas cosas desconocidas en el campo de la visión ordinaria.

Todos sabemos que la materia existe en diferentes condiciones que cabe cambiar variando la presión o la temperatura. Tenemos tres notorios estados de materia: sólido, líquido y gaseoso. La ciencia nos demuestra que bajo ciertas variaciones de temperatura o de presión, todas las substancias pueden existir en cualquiera de dichos tres estados. Yo creo que todavía existen algunas substancias que los químicos no han conseguido reducir de un estado a otro; pero se cree generalmente, que así como el agua puede solidificarse a baja temperatura y vaporizarse a una temperatura elevada, del mismo modo todos los sólidos que conocemos podrían convertirse, bajo ciertas condiciones, en líquidos o en gases; todo líquido en sólido o gas; y todo gas en líquido y aún en sólido. Sabemos que el aire puede liquidarse y que algunos otros gases se han solidificado.

La química oculta nos muestra aún otro estado de materia más sutil que el gaseoso, al que pueden reducirse todas las substancias conocidas. A este estado de la materia le llamamos etéreo. La química oculta afirma que lo que la ciencia entiende por éter, no es una substancia distinta y homogenea, sino simplemente otro estado particular de la materia ordinaria. Así, por ejemplo, el hidrógeno puede asumir el estado etéreo en vez del gaseoso; y el oro, la plata o cualquier otro elemento pueden tomar los estados sólido, líquido, gaseoso y también el más sutil a que llamamos etéreo. Del mismo modo que en nuestro mundo hay elementos normalmente sólidos, como el oro, otros normalmente líquidos, como el mercurio, y otros normalmente gaseosos, como el oxígeno, de la propia suerte, hay substancias normalmente etéreas; aunque por medio de un tratamiento especial, pueden reducirse al estado gaseoso o llevarlas a otro más sutil todavía.

La ciencia ordinaria nos habla de los átomos de oxígeno, hidrógeno y de cualesquiera de las sesenta o setenta substancias que los químicos denominan elementos. Teóricamente, ninguno de estos elementos puede descomponerse y cada uno de ellos tiene sus átomos propios. La palabra átomo, según su etimología, significa que no puede dividirse. No obstante, la ciencia oculta nos dice que muchos científicos han sospechado que dichos supuestos elementos no son tales en el sentido literal de la palabra; que los llamados átomos de oxígeno o de hidrógeno no son el último grado de división de la materia, y por consiguiente, no son tales átomos sino moléculas que bajo ciertas condiciones pueden descomponerse en átomos. Repitiendo este proceso de división, se obtiene un número infinito de átomos físicos idénticos, lo cual denota que hay una substancia fundamental de todas las substancias, y las diversas combinaciones de estos átomos ultérrimos nos dan lo que la química llama átomos de oxígeno, de hidrógeno, de oro, de plata, de platino, etc., que en su extrema división dejan libres un número de átomos idénticos, con la sola excepción de que unos son positivos y otros negativos.

El estudio de estos átomos, así como el de las posibilidades de sus combinaciones, es de profundo interés, aunque extraño a nuestra presente labor. [1]

Dichos átomos sólo son ultérrimos desde el punto de vista de nuestro plano físico; es decir, que hay métodos por medio de los cuales pueden dividirse; pero entonces nos dan una materia perteneciente a distinto plano de la naturaleza; que ya no se dilata o contrae según los diferentes grados de calor o de frío a que la sometemos. Esta sutil materia no es simple, sino compleja; y también existe en una serie de estados peculiares, análogos a los sólido, líquido, gaseoso y etéreo de materia física. Llevando más adelante nuestro proceso de subdivisión, llegamos al átomo ultérrimo del plano de la naturaleza que los ocultistas llaman mundo astral.

Este proceso puede repetirse, pues subdividiendo el átomo astral, llegamos a otro mundo superior y más sutil, aunque siempre material. Una vez más encontramos la materia en condiciones definidas y en diferentes estados correspondientes a este superior nivel. El resultado final es que nuestras investigaciones nos conducen al átomo del quinto plano de la naturaleza que la Teosofía denomina mundo mental. En cuanto nos permiten nuestros conocimientos, no tiene límites esta posibilidad de subdivisión, pues el límite está en nuestra capacidad de observación. Sin embargo, sabe-

(1) Véase a este propósito la obra: *Química oculta* de Besant y Leadbeater, cuya traducción española acaba de publicar la Editorial Teosófica de R. Maynadé, Barcelona.—(Nota del Corrector).

mos lo suficiente para estar seguros de la existencia de diferentes planos, que en cierto sentido, son mundos que constituyen las partes de un todo prodigioso.

La Teosofía llama planos, o mejor mundos, a estas diferentes regiones de la naturaleza; para nuestro estudio convendrá imaginarnoslos unos sobre otros, según los diferentes grados de densidad de la materia de que están compuestos, tal como aparecen en la lámina II, pero es preciso advertir que esta disposición se adopta convencionalmente, como un símbolo, y que en modo alguno representa la verdadera relación entre los diversos planos, que en realidad no están unos sobre otros como los estantes de una biblioteca, sino que ocupan todos el mismo espacio, interpenetrándose unos con otros. [1]

Reconoce la ciencia que aun en las substancias más densas jamás se tocan dos átomos, pues cada uno tiene su campo de acción y de vibración, y cada molécula, a su vez, posee un campo todavía más amplio; de suerte que siempre hay espacio entre estos átomos o estas moléculas. Cada átomo físico está bañado en un mar de materia astral, que llena sus intersticios en todas las circunstancias posibles. Está universalmente admitido que el éter interpenetra todas las substancias conocidas, tanto el sólido más denso como el gas más rarificado; y así como éste se mueve con toda libertad entre las partículas de la materia líquida o sólida, del mismo modo la materia astral lo interpenetra y se

(1) Téngase en cuenta que los nombres de *mahaparanirvánico, paranirvánico* y *nirvánico* expuestos en la lámina II, equivalen respectivamente a los de *ádico, anupadákico* y *átmico* con que hoy más comunmente se les denomina. Por otra parte, desde que se publicó la primera edición de esta obra, ha evolucionado algún tanto la Teosofía, y la ordenación de los mundos o planos está invertida, pues se considera como *primero* el ádico o mahaparanirvánico y como *séptimo* el físico. Hacemos esta advertencia para prevenir confusiones. — (Nota del Corrector).

PLANOS DE LA NATURALEZA

7	**MAHAPARANIRVÁNICO**	PRIMERA	TRIPLE MANIFESTACIÓN
6	**PARANIRVÁNICO**	SEGUNDA	
5	**NIRVÁNICO**	ATÓMICA	TERCERA
		ESPIRITU	Triple Espiritu en el Hombre
4	**BÚDDHICO**	ATÓMICA	
		EL EGO Ó ALMA QUE EL HOMBRE SE REENCARNA EN	INTUICIÓN
3	**MENTAL** ARUPA RUPA	ATÓMICA	INTELIGENCIA CUERPO CAUSAL CUERPO MENTAL
2	**ASTRAL**	ATÓMICA	CUERPO ASTRAL
1	**FÍSICO**	ATÓMICA SUB-ATÓMICA SUPER-ETÉRICA ETÉRICA GASEOSA LIQUIDA SOLIDA	DOBLE ETERICO CUERPO DENSO

II.

mueve con toda libertad entre sus partículas. La materia mental, a su vez, interpenetra la materia astral en las mismas condiciones. Por lo tanto, estos diferentes planos de la naturaleza no están separados en ningún caso en el espacio, sino que todos ellos existen a nuestro alrededor, de suerte que, para verlos o estudiarlos, no tenemos necesidad alguna de movernos en el espacio. Basta despertar los sentidos por cuyo medio pueden percibirse.

CAPÍTULO III

Clarividencia

Llegamos a otra consideración muy importante. Todas estas variedades de materia sutil no solamente existen en el mundo exterior, sino también en el hombre mismo. No tan sólo posee éste el cuerpo físico que vemos, sino otros internos, apropiados a los diversos planos de la naturaleza y constituídos por la materia de su plano correspondiente. El cuerpo físico del hombre contiene materia etérea sólida [1] que puede ver el clarividente. En el mismo orden de ideas, un clarividente más desarrollado y capaz de percibir la materia sutil del plano astral, vería en este nivel al hombre revestido, de materia astral que sería en realidad su cuerpo o vehículo apropiado a tal plano. Lo mismo acontece con el plano mental. El alma del hombre no tiene un sólo cuerpo, sino muchos; y cuando está suficientemente evolucionado es capaz de manifestarse en los diversos planos de la naturaleza. El hombre posee unos apropiados vehículos compuestos de la materia de cada uno de aquellos planos, y por estos diversos vehículos le es posible recibir las impresiones de los mundos a los cuales pertenece.

(1) Véanse láminas XXIV y XXV.

No hemos de creer que el hombre construye estos vehículos para las necesidades de su futura evolución, pues todos los poseen desde un principio, aunque no sean conscientes de su existencia. Nosotros empleamos de contínuo, en cierto modo, aunque inconscientemente, esta materia sutil que está en nosotros mismos. Cada vez que pensamos, ponemos en movimiento la materia mental que nos compenetra. El clarividente verá este pensamiento como una vibración de esta materia que de momento se manifestará en el interior del hombre y después irá afectando poco a poco la materia de igual densidad en el mundo que le rodea. Pero antes de percibir este pensamiento en el plano físico, debe transferirse de la materia mental a la astral; y cuando aquélla haya provocado vibraciones similares en la materia astral, ésta, a su vez, afecta la materia etérea levantando en ella vibraciones simpáticas, y esta materia, a su vez, obra sobre la materia densa del plano físico, la substancia gris del cerebro.

Así pues, cada vez que pensamos, se efectúa un proceso mucho más complicado de lo que cupiera imaginar. De la misma manera, cada vez que experimentamos una sensación, pasamos por un proceso del cual somos casi inconscientes. Cuando tocamos una substancia y la encontramos muy caliente, creemos que retiramos la mano instantáneamente. Pero la ciencia nos enseña que este acto no es instantáneo, y que no siente la mano, sino el cerebro; que los nervios comunican la idea de calor intenso al cerebro, el cual telegrafía al instante esta impresión por medio del sistema nervioso y determina la retirada de la mano. Lo que nos parece instantáneo es el resultado de un proceso gradual de duración definida, que puede medirse con instrumentos suficientemente delicados. La rapidez de este proceso es muy conocida de los fisiólogos. Del mismo modo, parece que el pensamiento obra de un modo instantáneo; pero no es así en modo alguno, pues todo pensamiento debe seguir el proceso descrito. Cada impresión transmitida a nuestro cerebro por los sentidos debe pasar por los variados estados de materia antes de llegar al hombre verdadero, al Ego, al alma que está en él.

Tenemos, pues, una especie de sistema telegráfico entre el plano físico y el Ego, y es necesario comprender que esta línea telegráfica tiene estaciones intermedias. Las impresiones no se reciben solamente en el plano físico; la materia astral del hombre no es solamente capaz de recibir una vibración de la materia etérea y transmitirla a la materia mental, sino que puede también registrar las impresiones provinentes de su propio plano y transmitirlas por medio del cuerpo mental al Ego. Así, pues, el hombre puede servirse de su cuerpo astral para recibir impresiones y registrar las observaciones del mundo astral que le rodea; de la misma manera podrá servirse de su cuerpo mental para explorar el plano mental y obtener informaciones de dicho plano. Pero, en uno y otro caso, deberá primeramente aprender a localizar su conciencia en el cuerpo astral o en el cuerpo mental, según el caso, como está actualmente localizada en el cerebro físico. He tratado ya este punto al pormenor en mi libro sobre *Clarividencia*, y por lo tanto, no creo necesario repetirlo aquí.

Aunque la ciencia no esté dispuesta todavía a admitir la existencia de estos diversos planos o grados de materia en la naturaleza, no hay nada en esta hipótesis que contradiga sus enseñanzas, pues se apoya en el conocimiento directo y en la certidumbre de cuantos la han estudiado asiduamente, aunque la presenten al mundo como mera hipótesis. Al exponer esta teoría ante quien aborda este problema por primera vez, estamos lejos de pedirle fe ciega, sino que le invitamos sencillamente a estudiar un sistema. Los grados superiores de materia, suceden en orden metódico a los que ya conocemos, de suerte que si en cierto sentido puede considerarse cada plano como un mundo, también es verdad que el conjunto de todos estos planos constituye un mundo todavía mayor, que sólo pueden ver en su totalidad las almas muy evolucionadas.

Para mejor comprender este asunto, vamos a presentar un ejemplo, que si bien irrealizable, puede proporcionarnos a lo menos una hipótesis sorprendente.

Supongamos que en lugar del órgano visual que poseemos tuviésemos un aparato organizado de diferente manera.

En el ojo humano tenemos materia sólida y líquida. Supongamos que cada uno de estos estados de materia fuese capaz de recibir impresiones separadamente, pero cada una tan sólo del tipo de materia al cual corresponde. Supongamos también que unos hombres poseyesen la primera de estas formas de visión, y otros la segunda. Cada una de estas dos clases de hombres tendrían indudablemente un concepto tan extraño como imperfecto de nuestro mundo. Imaginemos ahora que dos hombres, uno de cada tipo, se detienen en la orilla del mar; el primero, no pudiendo ver sino la materia sólida, sería completamente inconsciente del océano que se extendería ante él, pero vería la vasta cavidad formada por el lecho del mismo, con todas sus sinuosidades. Los peces y demás habitantes de las profundidades del océano, se le aparecerían flotantes en el aire por encima de este enorme valle. Si hubiese algunas nubes en el cielo, serían para él enteramente invisibles, pues están compuestas de materia en estado gaseoso; para él brillaría el sol constantemente durante el día, y le sería imposible comprender por qué emite menos calor unas veces que otras, como cuando el cielo está cubierto de nubes. Si se le ofreciera un vaso de agua le parecería vacío.

Camparemos ahora el aspecto que todo esto presentaría a los ojos de un hombre que sólo pudiese ver la materia en estado líquido. Sería consciente del océano; pero, para él, las escarpadas orillas del mismo no existirían. Percibiría perfectamente las nubes, pero no se daría cuenta del paisaje en el cual se mueven. En cuanto al vaso de agua, sólo podría ver su contenido, y le sería imposible comprender por qué milagro el agua tenía la forma del invisible vaso.

Imaginemos que estas dos personas describen una después de otra el paisaje que ven, seriamente convencidos, uno y otro, de que no puede existir en el universo otro género de vista que la suya, y que cuantos pretenden ver un poco más, o de una manera diferente, no pueden ser sino soñadores o embusteros.

Podemos reirnos de la incredulidad de estos observadores hipotéticos; pero al hombre vulgar le es excesivamente difícil comprender que en proporción a la totalidad de las cosas visibles, su poder visual es tan imperfecto como el de cualquiera de estos dos tipos que acabamos de considerar. También está seriamente dispuesto a acusar a cuantos ven un poco más que él, de ser juguete de su imaginación. Uno de nuestros más comunes errores es considerar que el límite de nuestro poder de percepción es también el límite de todo cuanto es posible percibir. La evidencia científica es hoy día indiscutible; y la proporción infinitesimal (en comparación al todo) de los grupos de vibraciones que nos permiten ver u oir, no puede ponerse en duda. El clarividente es tan sólo un hombre que desarrolla la facultad de responder a otra octava de esta prodigiosa escala de posibles vibraciones, y se capacita de este modo para ver el mundo que nos rodea, antes de que puedan verlo los de percepción más limitada.

CAPÍTULO IV

Los vehículos del hombre

Si nos fijamos en la lámina II, veremos un diagrama que representa los planos de la naturaleza, así como los nombres empleados para designar los vehículos o cuerpos correspondientes a estos planos. Es necesario observar que los nombres de que se sirve la literatura teosófica para designar los planos superiores de la naturaleza, derivan del sánscrito. En la terminología occidental, no tenemos todavía palabras apropiadas para designar estos mundos compuestos de materia tan sutil. Cada uno de estos términos tiene su significado especial, y tratándose de los planos superiores, solamente nos indican cuán poco conocemos sus condiciones.

La palabra nirvana ha sido empleada siempre en Oriente para expresar la condición espiritual más elevada que se puede concebir. Alcanzar el nirvana significa llegar más allá del punto en que la humanidad alcanzará un estado de paz y felicidad que excede a toda comprensión terrena. El aspirante a esta gloria inefable abandona de una manera tan absoluta todo cuanto pertenece a este mundo terrestre, que algunos orientalistas europeos han supuesto a primera vista, pero equivocadamente, que esta condición era la entera aniquilación del hombre, lo cual está muy lejos de la verdad. Para conseguir el pleno goce de tan elevada condición espiritual, es necesario alcanzar el fin a que la evolución humana debe llegar al finalizar el *eón* o período actual. Es necesario convertirse en adepto, en un hombre que es ya algo más que hombre.

Un progreso semejante no lo alcanzará la gran mayoría de la humanidad, sino en el transcurso de ciclos de evolución; pero algunas almas intrépidas a quienes no les arredran las dificultades y que, digámoslo así, intentan *alcanzar el Reino de los cielos por violencia* [1] podrán llegar a este glorioso resultado en un período de tiempo relativamente corto.

Nada sabemos de los estados superiores de conciencia. Tan sólo que existen. «Para» significa «más allá», y «Maha», «grande». Los nombres de estos estados de conciencia nos enseñan que el primero significa «más allá del nirvana», y el segundo «el gran plano más allá del paranirvana». Esto nos demuestra que quienes hace millares de años eligieron estos vocablos no conocían de dichos planos mucho más que nosotros, o que si los conocían, no encontraron palabras apropiadas para expresar su significado.

La palabra *buddhi* se aplica al principio o parte constituyente del hombre que se manifiesta en la materia del cuarto plano, y el plano mental es la esfera de acción de lo que llamamos inteligencia. Es necesario observar que este último plano se subdivide en dos secciones, designadas en la lámina por dos colores diferentes. Los nombres «rupa» y «arrupa» significan respectivamente «con forma» y «sin forma». Estos nombres denotan la cualidad de la materia de este

---

(1)   Alude el autor al pasaje evangélico que dice: «Al reino de los cielos se le hace violencia y los violentos lo arrebatan». Mateo, 11 : 12. (Nota del Corrector).

plano. En la sección inferior, la materia se plasma rápidamente en distintas y definidas formas bajo la acción del pensamiento humano. No sucede lo mismo en la sección superior, donde el pensamiento abstracto se manifiesta al clarividente en relámpagos o rayos de luz.[1]

La palabra «astral» no la elegimos nosotros. La hemos heredado de los alquimistas de la edad media. Significa «estrellado» y suponemos que con ella se designó la materia del plano inmediato superior al físico, en razón de su apariencia luminosa y más rápidas vibraciones rítmicas. El plano astral es el mundo de las sensaciones, emociones y pasiones, y por medio del vehículo del hombre apropiado a este plano, se revelan al clarividente todos sus sentimientos. El cuerpo astral del hombre tiene aspecto continuamente cambiante, según las emociones que expresa. Más adelante volveremos a hablar de este particular y daremos más pormenores para su más fácil comprensión.

En Teosofía, los planos inferiores se representan generalmente por medio de ciertos colores, siguiendo para esto la gama que nos dió H. P. Blavatsky en su obra capital, *La Doctrina Secreta;* pero conviene advertir que estos colores se emplean como señal distintiva, como símbolos, y no para significar la preponderancia de una tonalidad particular en cualquiera de estos planos. Todos los colores conocidos, y otros muchos que no lo son todavía, existen en cada uno de estos planos sutiles de la naturaleza; pero, a medida que nos elevamos de un estado a otro, los encontramos siempre más delicados, más luminosos, como si formasen octavas superiores. Como veremos más tarde, hemos tratado de reproducir esta idea simbolizando dos diversos vehículos apropiados a estos planos.

---

(1)   Para más pormenores sobre el asunto véase: «El Plano Astral y el Devachán», por C. W. Leadbeater.—(N. del Tr.)

Se observará que dichos planos son siete, y que cada uno de ellos se subdivide en siete subplanos. Este número ha sido considerado siempre como sagrado y oculto, pues se encuentra en el fondo de toda manifestación. En los planos inferiores al alcance de nuestra investigación es notoria la subdivisión septenaria, y todos los indicios parecen confirmar la hipótesis de que el mismo orden continúa en las regiones superiores, prescindiendo de toda observación directa.

A medida que el hombre aprende a actuar en estas variedades sutiles de la materia, transciende una tras otra las limitaciones de la vida inferior. Un mundo de muchas dimensiones se presenta ante él, en vez de uno de tres dimensiones, y esto le abre una serie de nuevas posibilidades. El estudio de estas nuevas dimensiones es uno de los problemas más seductores, y quienes se interesen seriamente por esta clase de estudios, harán bien en leer la admirable obra de M. C. H. Hinton: *Scientific Romances*.

Sin que ayude a alcanzar la visión de los otros planos, nada ofrece un concepto tan claro de la vida astral como el conocer la cuarta dimensión del espacio.

De momento, no tengo la intención de describir cuanto puede adquirirse por medio de la maravillosa expansión de la conciencia perteneciente a estos planos superiores. Ya en parte lo hicimos en una obra anterior. Por de pronto consideremos una línea de investigación particular, relacionada con la constitución del hombre, así como con la manera de haber llegado a su actual modo de ser.

La historia de su anterior evolución sólo puede conocerse por los indelebles archivos del pasado, en los cuales, todo cuanto ha existido desde el origen del sistema solar, puede manifestarse ante los ojos del espíritu. Entonces ve el observador cada suceso como si él hubiese estado presente en el preciso momento en que acaeció; pero, con la enorme ventaja de que puede retener ante su vista cada escena particular, tan largo tiempo como sea necesario para efectuar un profundo examen, o bien pasar una rápida revista, si así lo desea, a los acontecimientos de un siglo entero. Este maravilloso reflejo de la memoria divina no puede escrutarse con perfecta certeza en un nivel inferior al plano mental. Para que sea fácil la lectura de la historia del pasado, es necesario que el estudiante sepa servirse cuando menos de su cuerpo mental; y si está bastante adelantado para ser dueño del cuerpo causal, su labor será mucho más fácil. Este problema de los anales del pasado, ha sido tratado ampliamente en mi obra sobre la *Clarividencia,* [1] a la que remito el lector deseoso de estudiar este tema más detenidamente.

(1)   Obra publicada por la «Biblioteca Orientalista». — (N. del Tr.)

CAPÍTULO V

La Trinidad

Procuremos comprender ahora, cómo ha venido el hombre a la existencia en medio de este maravilloso sistema de planos de la naturaleza.

Al tratar un tema semejante, nos vemos obligados a entrar en los dominios de la Teología, no para buscar en ella teorías u opiniones piadosas, sino únicamente lo que constituye un hecho científico.

Cuando compulsamos estos anales, deseosos de descubrir el origen del hombre, ¿qué es lo que vemos? Encontramos que el hombre es la resultante de un espléndido sistema de evolución claramente definido y efectuado, en el cual parecen converger tres corrientes de Vida divina. Una de las sagradas Escrituras del mundo dice que Dios hizo al hombre a su imagen, y si se comprende bien esta afirmación, se verá que encierra una gran verdad oculta. Todas las religiones concuerdan en describir la Divinidad trina en Su manifestación. Se verá también que el alma del hombre es trina. Entre ambas afirmaciones hay una profunda relación.

Es preciso comprender bien que no hablamos del Absoluto, del Supremo y del Infinito (pues de El nada sabemos sino que existe), sino de la gloriosa manifestación de Aquel que es la gran Fuerza directora, o la Divinidad de nuestro propio sistema solar, de Aquel que nuestra filosofía llama el Logos del sistema. Todas las disertaciones que hemos podido oir acerca de la Divinidad, todo cuanto se ha dicho de bueno y bello, es verdad, aunque en nuestros días se le suela atribuir lo que no es bueno. Quienes pretenden adorarle, le atribuyen frecuentemente sus propios vicios y aun cometen la impiedad de acusarle de celoso, colérico, vengativo y cruel. Una blasfemia tan abominable parecería menos odiosa en labios de un salvaje del Africa Central, sino otro concepto del poder que el manifestado por la cólera o alteración de la sangre; pero las personas que se creen civilizadas, no tienen la menor disculpa, y los que acusan de este modo a la causa de toda Bondad y de todo Amor, cometen un crimen cuyas tristes consecuencias no cabe calcular. Pero todo el bien que hemos oído decir de Dios: el amor, la sabiduría, el poder, la paciencia, la compasión, la omnisciencia, la omnipresencia y la omnipotencia; todo esto, y mucho más todavía, es cierto en lo que se refiere al Logos solar, pues en verdad en El tenemos la vida, el movimiento y el ser. [1] Es necesario tener presente que en Teosofía, no hacemos de esta verdad el objeto de una piadosa opinión o artículo de fe; para el investigador clarividente, la existencia de este gran Ser es ciertísima. No es que determinado desarrollo del hombre pueda conducirle a verle cara a cara, sino que desde el momento que estudiamos la vida en los planos superiores, nos compenetra totalmente la indiscutible evidencia de Su acción y de Su plan.

---

[1] Alude el autor a las palabras de San Pablo, cuando en el discurso ante el Areopago de Atenas dijo refiriéndose a Dios: «en él vivimos y nos movemos y somos». Hechos de los Apóstoles, 17 : 28.— (Nota del Corrector).

Tal como se manifiesta en su obra, el Logos solar es indudablemente, trino. Tres, y sin embargo, uno, como desde largo tiempo nos ha enseñado la religión. En las antiguas fórmulas de la Iglesia, hay mucho sobre este punto, que a primera vista parece casi incomprensible; y sin embargo, a la luz de las enseñanzas teosóficas, se ve que el dogma es una representación notablemente exacta y muy bella de la verdad, aunque se hayan intercalado algunos pasajes del más degradado materialismo. La verdadera belleza del *Credo* de Atanasio, por ejemplo, sólo puede comprenderse cuando se le estudia versículo tras versículo, con ayuda de diagramas teosóficos.

No intentamos describir explícitamente esta divina manifestación, pues está muy por encima de nuestra facultad de representación y comprensión; pero sí nos cabe colegir una mínima parte de su acción, por medio de algunos sencillos símbolos como los que figuran en la lámina II. Se verá que en el plano supremo de nuestro sistema, la trina manifestación de nuestro Logos, está representada por tres círculos que simbolizan Sus tres aspectos con sus peculiares atributos y cualidades. En Su primer aspecto no puede manifestarse en un plano inferior al supremo, mientras que en el segundo aspecto desciende al plano inmediatamente inferior de cuya materia se reviste. Al manifestarse así el Logos se diferencia en cierto modo del primer aspecto del que emana. En Su tercer aspecto desciende hasta la parte superior del plano átmico o nirvánico, cuya materia atrae hacia sí. Esta es la tercera manifestación. Conviene advertir que estas tres manifestaciones son enteramente distintas una de otra en sus planos respectivos; y sin embargo, basta seguir las líneas de puntos en la lámina, para convencernos de que estas personas distintas son en realidad aspectos del Uno. Si consideramos estos aspectos como personas, resultan muy distintas cada una en su propio plano. Diagonalmente no se descubre ninguna relación entre ellas, y sin embargo, perpendicularmente están unidas en el supremo nivel donde las Tres son Una.

Ahora comprenderemos porqué la Iglesia al definir el dogma de la Trinidad dice que Dios es uno con tres personas distintas, sin confundir las personas ni separar las substancias; es decir, que no debemos confundir jamás la actuación de las tres distintas manifestaciones, cada una en su propio plano, ni debemos olvidar jamás la eterna Unidad de la «substancia» que constituye la base de todas las cosas en el plano supremo.

Es sumamente útil conocer el verdadero significado de la palabra «persona», que deriva de las dos palabras latinas *per* y *sonus,* y significa: «aquello por cuyo medio se transmite el sonido». Después se extendió su significado a la máscara que se ponían los actores para representar su papel. Así llamamos «personalidad» al conjunto de vehículos inferiores y temporáneos de que se reviste el ego al desencarnar. Lo mismo sucede con las distintas manifestaciones del Uno en los diversos planos, que se consideran como personas.

Por lo tanto cabe decir: «Una es la persona del Padre, otra la del Hijo y otra la del Espíritu Santo; pero la divinidad del Padre, la del Hijo y la del Espíritu Santo es una, su gloria es la misma, y coeterna su majestad». Aunque las manifestaciones son distintas en su propio plano, y cada una parece inferior a la precedente, basta observar el plano supremo para comprender que «en la Trinidad no hay anterior ni posterior, ni grande ni pequeño, sino tres Personas iguales y coeternas». Así pues, «cada persona es por sí misma Dios y Señor y sin embargo, no son tres Dioses, ni tres Señores, sino un sólo Dios y un sólo Señor».

De este modo resulta clara y luminosa la exposición de los atributos del segundo aspecto del Logos y de su descenso en la materia, que según se colige de la lámina III, encierra otro significado más profundo; pero lo referente a este sublime descenso del Logos en la materia, es tan verdadero como lo ya dicho; pues al considerar la segunda persona de la Trinidad en el plano supremo como esencial Divinidad que anima la manifestación en un plano relativamente inferior, aunque incomprensible para nosotros, vemos que el segundo Logos es «Dios por la substancia de su Padre, engendrado antes de los mundos (o siglos), y al propio tiempo es hombre nacido en el mundo por la substancia de su madre». Y al considerarlo como un aspecto de la Divinidad, vemos que existía antes del sistema solar; pero su manifestación en la materia del plano paranirvánico o anupadákico se efectuó cuando ya existía el sistema.

Así pues, «aunque sea Dios y hombre, no son dos en modo alguno, sino un sólo Cristo; no por el descenso de su divinidad en la carne, sino por ascenso de su humanidad a Dios». Es uno sólo por la Unidad esencial y por su gloriosa virtud de elevar con El todo cuanto adquirió al descender a la materia inferior. Pero esto concierne más esencialmente al sublime y divino descenso representado en la lámina III.

El cisma más hondo de la Iglesia cristiana fué el de la división de las ramas de Oriente y Occidente, en las iglesias griega y romana. Aunque las consideraciones políticas y económicas influyeron en este cisma la razón doctrinal que sirvió de pretexto, fué la supuesta corrupción de la verdad realizada en el concilio de Toledo el año 589, con la introdución en el *Credo* de la palabra *filioque*. La cuestión se resumía así: ¿Procede el Espíritu Santo sólo del Padre, o del Padre y del Hijo? En interés de la unidad de la Iglesia hubiera convenido prescindir de una cuestión tan especulativamente lejana de todo humano conocimiento; pero la controversia teológica es siempre más enconada en los problemas más intrincados, menos importantes y de menor interés. Nuestro diagrama permite ver el fondo de la cuestión, y además nos enseña que ambos antagonistas tenían razón, y si hubiesen comprendido el problema que discutían, no hubiera estallado el cisma.

La Iglesia romana sostenía razonablemente que no podía haber manifestación de un Poder que perteneciente al plano supremo se manifestara en el tercero, sin dejar huella de su paso en el segundo, y así afirmaba que el Espíritu Santo procedía del Padre y del Hijo. Por otra parte, la Iglesia griega se atenía absolutamente a la distinción de las tres manifestaciones, y con razón protestaba contra la procesión [1] de la primera manifestación a través de la segunda. Esto podríamos figurarlo en nuestro diagrama por medio de una línea diagonal trazada a través de la primera, segunda y tercera manifestación.

La línea punteada que figura a la derecha de la lámina II, demuestra cómo desciende el tercer aspecto de la Divinidad a través de los planos, manifestándose finalmente en el nirvánico. Esta es la clave del problema, y nos demuestra la absoluta armonía entre las dos opiniones divergentes.

Comparando la trinidad del ego humano con la superior Trinidad divina, advertimos de qué maravillosa manera es el hombre imagen de Dios. Los conceptos ortodoxos son tan crudamente materialistas que este texto se interpretó literalmente refiriéndolo al cuerpo físico del hombre, como si Dios le hubiese dado al cuerpo del hombre la forma que según predijo sería la que el Cristo asumiría al venir a la tierra. Esto es un

---

[1]   En términos teológicos, se llama procesión del Espíritu Santo, a la eterna manifestación del Santo Espíritu, procedente del Padre y del Hijo. —E. Littré (Diccionario).

notable ejemplo de confusión mental, más extraño todavía en los teólogos.

Si examinamos la lámina II, veremos el verdadero significado de estas palabras. No el cuerpo físico del hombre, sino la constitución de su alma reproduce con maravillosa exactitud el proceso de la manifestación divina.

Así como los tres aspectos de la Divinidad se resumen en el plano supremo, así también la Chispa divina, del espíritu del hombre, tiene trino aspecto en el plano nirvánico. En ambos casos, el segundo aspecto de la Divinidad puede descender al plano inmediato inferior y revestirse de su materia; y también el tercer aspecto puede descender a los otros dos planos inmediatamente inferiores siguiendo el mismo proceso. Así pues, en ambos casos existe la Trinidad en la Unidad... distinta en su manifestación y una en esencia.

Cada uno de los tres Aspectos, Personas o Manifestaciones del Logos tiene su especial función que cumplir en la preparación y desarrollo del ego humano. La lámina III nos ayudará a explicar estas funciones. Del mismo modo que en la lámina II, las subdivisiones horizontales designan los planos, sobre los cuales figuran tres símbolos pertenecientes a la serie descrita por H. P. Blavatsky en la *Doctrina Secreta*. El superior, con un punto céntrico, representa el primer aspecto del Logos y significa la manifestación primordial de nuestro sistema. El segundo aspecto del Logos está simbolizado por un círculo con un diámetro horizontal y expresa la doble manifestación relacionada con la segunda Persona de cualquiera de las dos Trinidades. El círculo inferior contiene la cruz griega y es uno de de los símbolos más comunes del tercer aspecto del Logos.

LAS TRES EMANACIONES DIVINAS

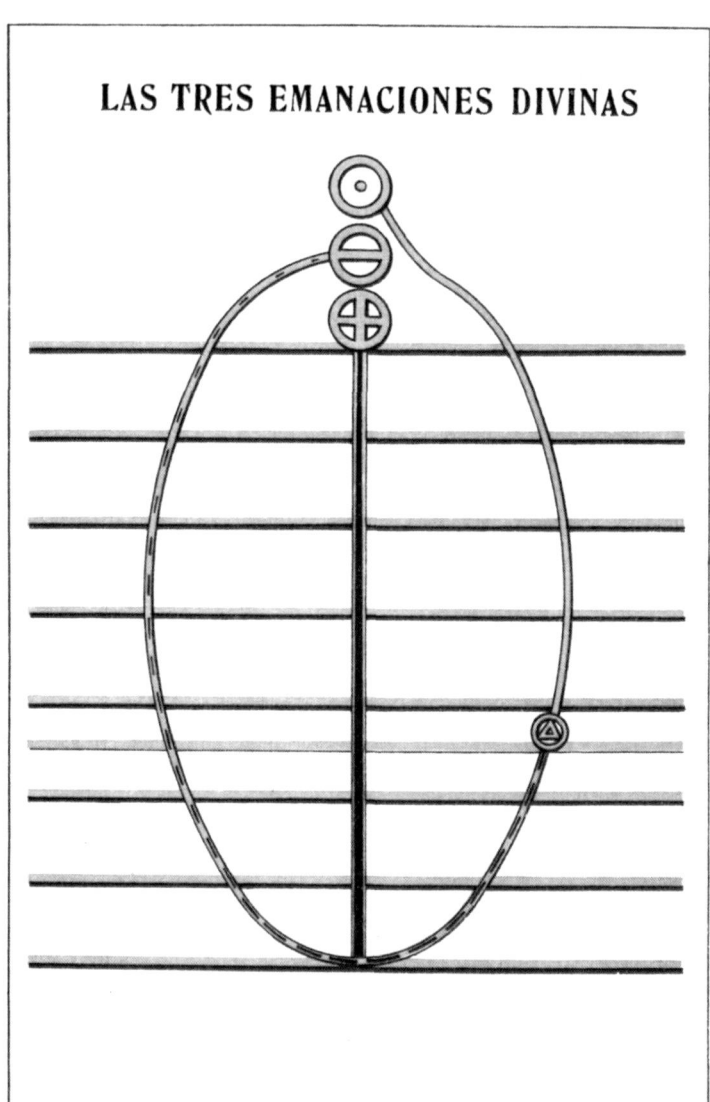

III.

CAPÍTULO VI

Las primordiales emanaciones divinas

El primer movimiento en la formación del sistema proviene del tercer aspecto del Logos. Antes de este movimiento, nada existía, excepto la materia atómica de cada uno de los planos de la naturaleza, sin que se hubiese formado aún ninguna de las agregaciones o combinaciones de los subplanos inferiores. Pero en el seno de la materia virgen (la verdadera Virgen María) se infunde el Espíritu Santo, el Dispensador de Vida, como lo llama el símbolo de Nicea. La acción de su gloriosa vitalidad despierta los átomos y los dota de nuevas fuerzas de atracción y repulsión. Así se forman las subdivisiones inferiores de cada plano. Este proceso está simbolizado en el diagrama por una línea que descendiendo perpendicularmente del círculo inferior atraviesa todos los planos y es cada vez más ancha y obscura. Esto denota que el Espíritu Divino se va velando a medida de su descenso en la materia, hasta el punto en que apenas se puede reconocer su divinidad.

Sin embargo, esta vivida energía, no deja de estar presente aunque la limiten las formas ínfimas. Los recientes experimentos del profesor Shron, en Nápoles, han evidenciado la existencia de la vida en el reino mineral, demostrando así de maravillosa manera la actuación de la primera y segunda de las grandes y sucesivas emanaciones u oleadas de la Vida divina.

En la materia así vivificada se infunde la segunda gran emanación de Vida. La segunda Persona de la Trinidad se reviste de forma (se manifiesta) no solamente en la materia «virgen» e infecunda sino también en la en que ya palpita la vida de la tercera Persona. Así pues, la vida y la materia le sirven a la par de vestidura, y puede decirse que «nace del Espíritu Santo y de la Virgen María». Tal es el verdadero significado de este pasaje capital de nuestro *Credo*. [1]

Lenta y gradualmente se derrama esta corriente irresistible por los diversos planos y reinos de la naturaleza, invirtiendo en cada uno de ellos un período de tiempo igual a la duración de la vida de una cadena planetaria; [2] período que en los cómputos humanos, representaría millones de años. La segunda emanación está representada en la lámina III, por la línea que partiendo del segundo círculo simbólico, recorre el aro izquierdo del óvalo y se obscurece gradualmente a medida que se aproxima al extremo inferior de la curva, desde donde comienza a describir el arco ascendente a través de los planos físico, astral y mental inferior, hasta encontrar la tercera gran oleada o emanación de Vida que procedente del primer aspecto del Logos está simbolizada por la línea que partiendo del círculo superior forma el primer sector del arco derecho del óvalo. Dejemos por ahora este punto de unión de las segunda y primera emanaciones divinas, que estudiaremos detenidamente más adelante, y ocupémonos en el arco descendente.

Para comprenderlo mejor, examinemos la lámina IV que a primera vista parece muy diferente de la III aun-

---

(1)   Véase *El Credo Cristiano*, del mismo autor.
(2)   La duración de un Manvántara.

que, en realidad, están en íntima correspondencia. La columna de la izquierda, pintada de diversos colores, representa lo mismo que la curva descendente figurada en el lado izquierdo de la lámina III. Los diseños de forma piramidal que completan la lámina IV, representan, en diferentes grados de progreso, las primeras etapas de la curva ascendente que corresponde al lado derecho de la lámina III.

Según la etapa de su gradual descenso en la materia, la segunda emanación recibe diferentes nombres. En conjunto suele llamársela esencia monádica, sobre todo cuando sólo se reviste de la materia atómica de los diversos planos; pero cuando en su curso descendente infunde su energía en la materia del nivel superior del plano mental, se la denomina primer reino elemental. Después de invertir todo el período de una cadena planetaria en efectuar esta evolución, desciende al nivel inferior o rúpico del mismo plano, y anima entonces el segundo reino elemental durante otra cadena planetaria. La etapa siguiente abarca los subplanos del astral, donde se la llama tercer reino elemental, o también esencia elemental del plano astral. En las etapas del segundo y tercer reino elemental está la segunda oleada de vida íntimamente ligada al hombre, pues toma gran parte en la composición de sus diversos vehículos e influye en sus pensamientos y acciones. [1]

Cuando la segunda oleada de vida y energía divina llega al punto inferior de su curso, inmerge en la materia física; y durante los primeros pasos de su ascenso, anima al reino mineral de la cadena planetaria en que actúa. En esta etapa evolutiva se la llama «mónada

---

[1] Aquí nos apartamos de nuestro objeto, y para una descripción más detallada de la acción ejercida por «el elemental del deseo» y «el elemental mental», remitimos a nuestros lectores a otras obras teosóficas.

mineral» que luego asciende a «mónada vegetal», y
después a «mónada animal». Sin embargo, estos términos son algo erróneos, pues parece como si una sola
y gran mónada animara al reino en conjunto.

Por el contrario, ni aun cuando empieza a manifestarse en el primer reino elemental, es la esencia monádica, no única u homogénea, sinó múltiple, y no hay
una sola corriente de vida, sino muchas corrientes
paralelas, cada cual con sus características. El proceso tiende constantemente hacia la diferenciación, y
a medida que las corrientes descienden de reino en
reino, se dividen y subdividen más cada vez. Cabe
imaginar homogénea la segunda emanación en las etapas anteriores a nuestra presente evolución; pero nadie
ha podido verla jamás en tal estado. Al término de
esta primera gran etapa de evolución, se separa en
individualidades y se convierte cada hombre en un ego
distinto, auque todavía poco evolucionado.

En cierto modo, encontramos condiciones intermedias entre los dos puntos extremos; pero siempre hay
subdivisiones aun antes del proceso de individualización. No debemos olvidar que tratamos aquí de la
evolución de la vida o de la fuerza animada por ella,
y no de la evolución de la forma. En este caso, la
energía en actividad encierra sin duda alguna las
cualidades adquiridas durante la encarnación física.
Por ejemplo, en el reino vegetal no tiene un alma cada
planta aislada, sino que una enorme cantidad de plantas, y a veces toda una especie, tienen un alma colectiva. En el reino animal, se acentúa esta subdivisión,
y aunque en ciertos insectos pueda animar un alma
colectiva millones de cuerpos, en los animales superiores, el alma colectiva anima un número relativamente
reducido de cuerpos.

CAPÍTULO VII

El alma animal colectiva

La idea del alma colectiva parece algo difícil de comprender para algunos estudiantes; mas un símil de origen oriental nos la hará tal vez más inteligible. El alma colectiva puede compararse al agua contenida en un recipiente. Si sacamos un vaso lleno de agua de dicho recipiente, tendremos la representación del alma de un animal aislado. El agua del vaso está separada por determinado tiempo de la del recipiente y toma la forma del vaso que la contiene. Supongamos ahora que introducimos en el agua del vaso una materia colorante y le comunicamos un matiz determinado. La materia colorante simboliza, en nuestra hipótesis, las cualidades adquiridas por el alma aislada, durante su transitoria encarnación.

La muerte del animal corresponderá al hecho de verter el agua del vaso en el recipiente. La materia colorante se mezcla entonces con la masa total del líquido, y la tiñe débilmente. De análoga manera, las cualidades educidas por el animal durante su vida, irán a formar parte, después de la muerte, de la totalidad del alma colectiva. Después de esto, sería imposible sacar del recipiente un vaso de agua idéntica a la del primero, y cada vaso sacado de nuevo, estará forzosamente matizado con el color del primer vaso. Si fuese posible sacar del recipiente exactamente las mismas moléculas de agua, de modo que reprodujesen el primer vaso, equivaldría a una verdadera reencarnación; pero el alma transitoria se reabsorbe en el alma colectiva, y así se conserva cuidadosamente todo lo adquirido durante la temporal separación.

Considerando en conjunto la evolución del reino animal, en un momento dado no se saca un solo vaso del recipiente, sino muchos a la vez, y cada uno de ellos allega al alma colectiva su parte de cualidades evolucionadas. En un mismo momento se manifiestan muchas cualidades diferentes en cada alma colectiva, y se expresan de la manera peculiar en cada animal. De este modo se adquiere el instinto, que algunas especies poseen congenitamente. En el instante en que el pato sale del huevo, busca instintivamente el agua y se sumerge en ella sin miedo alguno, pero con gran consternación de la gallina si por acaso lo incubó. En efecto, el fragmento del alma grupo que encarna en un pato, sabe perfectamente, por anteriores experiencias, que el agua es su natural elemento, y los polluelos no temen obedecer a su natural instinto.

Constantemente se nota una tendencia cada vez más definida hacia una subdivisión determinada que se manifiesta de curiosa manera, parecida a la división de las células.

Podemos imaginar que en el alma colectiva, que se supone anima una gran masa de materia astral, empieza a formarse una especie de tenuísima película, comparable a un tabique que gradualmente se fuese formando para separar el agua de un recipiente. Al principio, el agua filtraría a través del delgado tabique. Supongamos ahora que los vasos de agua sacados de una de las dos divisiones los vertiéramos siempre, después de utilizados, en la misma división del recipiente. Tendríamos así que poco a poco el agua de un lado se diferenciaría de la del otro; y suponiendo que el tabique se ha hecho impermeable durante este proceso, resultarán dos recipientes en vez de uno.

Esta operación se repite constantemente hasta llegar a los animales superiores, cuya alma colectiva anima un número relativamente corto de cuerpos. Se ha observado que tan sólo los animales domésticos, y aun no todos, pueden individualizarse, o sea pasar del reino animal al reino humano. Conviene recordar que apenas ha transcurrido la mitad de la evolución de nuestra cadena planetaria, y hasta el fin de esta evolución, no ascenderá el reino animal al reino humano. Se deduce, naturalmente, que los animales que alcanzan o están próximos a alcanzar la individualización, aventajan considerablemente a la masa total, y su número ha de ser, forzosamente, muy reducido. Sin embargo, estos casos se presentan algunas veces y son bastante interesantes, puesto que nos enseñan cómo vinimos a la existencia en un remotísimo pasado. El reino animal de la cadena lunar, de la cual provenimos, se hallaba en nivel algo inferior al reino animal de nuestros días; pero los principios que presiden el proceso de individualización son siempre los mismos.

INVOLUCION Y EVOLUCION

IV.

CAPÍTULO VIII

El arco ascendente

Antes de explicar el mecanismo, debemos fijarnos una vez más en la lámina IV. Recordemos que las pirámides de diversos colores representan las diferentes etapas por que pasa la esencia monádica en su marcha progresiva ascendente.

En su curso descendente, figurado por la columna de la izquierda del diagrama, la esencia monádica agrega a su alrededor, en diversos planos, las diferentes variedades de materia. La esencia organiza a la materia, acostumbrándola y adaptándola para recibir vibraciones e impresiones, y al mismo tiempo que adquiere esta propiedad de recibir, adquiere también la de responder en los niveles respectivos a estas mismas impresiones. Pero el proceso es algo distinto cuando llega al punto ínfimo de su inmersión en la materia y comienza a iniciarse la marcha ascendente de su evolución hacia la Divinidad. Su objeto es entonces desarrollar la conciencia en los diversos planos, dominar los cuerpos construídos por ella y utilizarlos como vehículos, de suerte que no son ya simples instrumentos por cuyo medio recibe el ego las impresiones externas, sino también el medio de manifestarse en los diferentes planos.

Los primeros esfuerzos se efectúan, naturalmente, en la materia más densa, cuyas vibraciones, determinadas por la esencia monádica, si bien son las más lentas y de mayor duración, son las menos violentas y penetrantes, y por consiguiente, las más fáciles de dominar. Resulta, pues, que aunque esté dotado el hombre de los principios superiores, si bien más o menos latentes, sólo es plenamente consciente en el cuerpo físico. Más tarde, irá desenvolviendo su conciencia en el cuerpo astral, y mucho después aún, en el cuerpo mental.

En la lámina IV encontramos una pirámide distinta para cada reino de la naturaleza. La pirámide correspondiente al reino mineral disminuye de anchura en el punto donde no está completamente desarrollado, y su parte más densa corresponde al plano físico. En los niveles correspondientes a la materia etérea, el prisma se estrecha cada vez más, lo cual significa que, en el reino mineral, no es aún completo el dominio del alma sobre la parte superior de la materia etérea. El ápice rojo del vértice denota que comienza a manifestarse una mínima parte de conciencia en la materia astral. Son los primeros deseos.

A muchos de nuestros lectores les sorprenderá que se hable de deseo al tratar del reino mineral. Sin embargo, los químicos saben perfectamente que la afinidad química es una notoria manifestación de la preferencia de unos elementos respecto de otros. ¿No significa esto un esbozo de deseo? Un elemento, por ejemplo, siente por otro una atracción tan fuerte, que si se ponen en contacto, abandona instantáneamente las demás substancias con que estaba combinado. En efecto, por nuestro conocimiento de estas atracciones o repulsiones, combinamos y descomponemos los cuerpos químicos. El agua es una combinación de oxígeno e hidrógeno. Si ponemos en el agua un pedazo de

sodio, observaremos que el oxígeno prefiere el sodio
al hidrógeno, y rápidamente abandona este último
para combinarse con el primero, resultando un compuesto denominado hidróxido de sodio, y el hidrógeno
queda libre. Si bañamos limaduras de zinc en ácido
clorhídrico (que es una combinación de hidrógeno y
cloro), el cloro tiende inmediatamente a abandonar el
hidrógeno para combinarse con el zinc, formando cloruro de zinc, y el hidrógeno queda en libertad. Este es
uno de los procedimientos empleados para obtener este
gas. Así está justificada la acción del deseo en el reino
mineral.

Si examinamos ahora la pirámide que representa el
reino vegetal, vemos que tiene la misma anchura, no
solamente en la parte inferior del plano físico, sino
también en su parte etérea, y observamos que el triángulo superior que representa los deseos está mucho
más desarrollado, denotando con ello mayor capacidad
para utilizar la materia astral inferior. Quienes han
estudiado botánica saben que la atracción y la repulsión, o en otros términos, las formas del deseo, son
mucho más activas en el reino vegetal que en el mineral, y que muchas plantas manifiestan gran ingenio
para conseguir sus fines, por limitados que sean desde
nuestro punto de vista.

Examinando la pirámide que representa el reino
animal, encontramos que la conciencia ha dado un
gran paso. Tiene su anchura completa en el plano
físico y en la parte inferior del plano astral, y sólo empieza a estrecharse en la parte que corresponde a los
subplanos superiores. Esto significa que el animal es
capaz de experimentar por completo los deseos inferiores, pero que todavía es débil su capacidad para manifestar deseos de orden superior. Sin embargo, el animal
los posee, y tanto es así, que en casos excepcionales
es capaz de gran abnegación y de elevados afectos.

La cúspide de la pirámide, pintada de verde en el diagrama, donota en el animal cierto desarrollo de la inteligencia, y atestigua el grado de mentalidad que puede alcanzar. Se ha supuesto durante largo tiempo, que la facultad de razonar distinguía al hombre del animal, y que este último sólo tenía instinto. Este concepto es erróneo, sobre todo en lo que concierne a los animales domésticos más avanzados. Toda persona que ha poseído un perro o un gato y supo hacerse su amigo (como debiera ser siempre), habrá podido observar que estos animales tienen cierta facultad de inducción y deducción, aunque más débil y limitada que la nuestra. En lo que respecta a los animales en general, la figura representada en el diagrama es del todo exacta, y nos demuestra que la facultad razonadora de los animales no puede transponer los subplanos inferiores del plano mental; pero en los animales domésticos avanzados, la cúspide de la pirámide puede llegar hasta el cuarto subplano del plano mental. Su estado de conciencia puede expresarse entonces por un ápice, y no por una mayor o menor amplitud de la pirámide de color.

CAPÍTULO IX

Los estados de conciencia en el hombre

Si observamos la pirámide que representa el reino humano, observaremos algunos rasgos particulares, pues tiene su anchura, no solamente en el plano físico, sino también en todo el plano astral. Esto denota que el hombre es ya capaz de experimentar toda la escala de deseos, desde los superiores a los inferiores. En la parte inferior del nivel rúpico del plano mental, conserva aún toda su amplitud, lo cual nos indica que en este nivel la facultad de razonar está plenamente desarrollada en el hombre. En la parte superior del plano mental, el desarrollo es incompleto, y aparece un nuevo factor en la forma del triángulo azul obscuro en que termina la pirámide, lo cual nos demuestra que el hombre posee un cuerpo causal y un Ego permanente que reencarna. Este triángulo azul corresponde al triángulo inscrito en el circulito que figura en el lado derecho de la lámina III. Para la gran mayoría de la humanidad, el punto característico que determina el grado de conciencia alcanzado en los subplanos del mental superior, apenas si sobresale del tercer subplano, es decir, el inferior de los tres. Tan sólo en el transcurso de un graduado y progresivo desarrollo puede el Ego elevar su conciencia al segundo, y después al primero de dichos subplanos.

No digamos que el hombre esté en condiciones de funcionar conscientemente en semejante altura. En los tipos inferiores de la humanidad, el deseo es aún el factor predominante, aunque el desarrollo mental haya adelantado algún tanto.

Un hombre vulgar tendrá durante su vida una conciencia muy limitada en el cuerpo astral, y durante el sueño y después de la muerte sólo será consciente y activo en los subplanos inferiores del astral. Esta prolongada permanencia en dicho nivel dura casi todo el intervalo que separa dos encarnaciones, y por lo tanto, se aprovecha poco de la vida celeste. La conciencia de un hombre en este nivel está concentrada en la parte inferior de su cuerpo astral, y su vida será gobernada sobre todo por las sensaciones relacionadas con el plano físico.

En el hombre ordinario de nuestra raza, la parte superior del cuerpo astral comienza a desarrollarse, pero vive casi por completo en sus sensaciones. Para él, la cuestión capital que rige su conducta no es lo justo y razonable, sino lo que le agrada. Solamente los más cultos de entre nosotros comienzan a gobernar sus deseos por el razonamiento, y esto significa que el centro de conciencia se transfiere gradualmente de la parte superior del cuerpo astral a la parte inferior del cuerpo mental. Poco a poco, y a medida que el progreso se define, el hombre comienza a regirse por sus principios o ideas más bien que por su interés o por sus deseos.

Otro desarrollo aún más importante alcanza el hombre capaz de servirse de sus diferentes vehículos, en los cuales puede funcionar conscientemente. Todo individuo de las razas superiores de la humanidad, por poco culto y desarrollado que esté, tiene su conciencia completamente despierta en el cuerpo astral, y es perfectamente capaz de emplear este cuerpo como vehículo, si ha adquirido la costumbre necesaria. Para conseguirlo, es necesario cierto esfuerzo. La gran mayoría de hombres no conocen el cuerpo astral ni el modo de emplearlo, y por lo tanto, no hacen ningún esfuerzo determinado para servirse de él. En su pasado tienen una larga sucesión de vidas en que no ejercitaron las facultades astrales, y se han desarrollado lenta y gradualmente en una especie de cáscara, como el polluelo en el huevo. La cáscara está formada por la gran masa de pensamientos egoístas, en los que el hombre ordinario se halla desgraciadamente envuelto. Durante el sueño, el hombre sigue generalmente el mismo género de pensamientos que durante el día le interesaron, y se rodea así de un muro tan compacto, fabricado por él, que no puede saber nada de cuanto pasa en el exterior. Algunas veces, aunque muy raramente, un violento impulso externo, o cualquier intenso deseo interno, puede entreabrir por un momento el velo de tinieblas, de modo que le permita recibir algunas impresiones definidas; pero aun entonces la niebla se condensa de nuevo a su alrededor, y vuelve a los sueños incoherentes. Sin embargo, este cascarón puede romperse por los siguientes métodos:

1.º En el lejano porvenir, la lenta, pero segura evolución del hombre, rasgará gradualmente el velo de tinieblas, y poco a poco será consciente de la actividad e intensa vida del majestuoso mundo que le rodea.

2.º Habiendo adquirido el hombre un mayor conocimiento de sí mismo, podrá a costa de perseverantes esfuerzos iluminar las tinieblas, obrando internamente para vencer de un modo gradual la inercia resultante de largas edades de inactividad. Esto es más bien una aceleración del proceso natural, y no fuera penoso, si a un tiempo se desarrollaran las demás facultades.

Pero si el hombre alcanza este estado de despertamiento de sus facultades sin haber adquirido antes la fuerza necesaria y el conocimiento y desarrollo moral apropiados, estará expuesto al doble peligro de emplear mal estos poderes a medida que los adquiera y de que le paralice el miedo que le cause la presencia de fuerzas que no pueda comprender ni gobernar.

3.º   También puede ocurrir que cualquier accidente o uso ilícito de magia ceremonial rasgue el velo e impida que se vuelva a cerrar por completo. En tal caso, el hombre se encuentra en la terrible condición tan bien descrita por Blavatsky en su historia: *Una Vida encantada,* o por Bulver Lytton en su magnífica obra: *Zanoni.*

4.º   Un amigo cualquiera de este hombre, pero más avanzado que él, que le conozca perfectamente y le crea capaz de afrontar los peligros del plano astral, así como de llevar a cabo un trabajo útil y desinteresado, puede actuar desde el exterior contra esta capa de nubes y despertarle con determinado propósito. Este es el despertar en el plano astral de que tan a menudo hablan nuestros libros; pero el discípulo experto asume grave responsabilidad con respecto al que despierta. Así es que no se resuelve a despertarle, sino después de conocerle muy a fondo por la intimidad de trato, y se convence de que su discípulo posee en cierta medida las cualidades mencionadas en el capítulo XIV de *Protectores invisibles* [1] Sin embargo, la necesidad de ayuda es tanta, que el aspirante puede estar absolutamente seguro de que lo despertarán en cuanto se haya hecho acreedor a ello. Quienes se creen olvidados tienen siempre el recurso de adoptar el segundo

[1]   Obra del mismo autor, traducida al español.—(N. del Tr.)

método; pero harán bien en asegurarse con antelación y sin posibilidad de error, de que poseen las requeridas condiciones de desarrollo moral; de lo contrario, su caída sería tan rápida como segura.

Hemos podido ver ya por la lectura de algunos libros teosóficos, que se puede efectuar mucha labor, y se efectúa a cada momento, antes del completo despertar del hombre en el plano astral. Un hombre que se duerma con la firme idea de llevar a cabo determinada labor, con seguridad que procurará ejecutarla tan pronto como esté desprendido del cuerpo físico; pero después de ejecutada, se dejará encerrar de nuevo en su cascarón de espesa niebla, porque desde largas edades no ha sabido tomar la iniciativa de su acción cuando funciona fuera del cerebro físico. Muchos miembros de nuestra sociedad teosófica ponen estos consejos en práctica, y se esfuerzan por llevar a cabo cada noche una buena acción cuando menos. En muchos casos, basta esto para tenerlos ocupados durante el sueño, sobre todo cuando ponen toda su energía en la realización de su deseo. También conviene recordar que no solamente durante el sueño podemos prestar un auxilio efectivo. Un pensamiento de gran vitalidad puede emitirse en cualquier momento sin dejar jamás de producir efecto.

La diferencia entre el por completo despierto y el que no lo está, es que al primero ya no le envuelve el velo de tinieblas, mientras que en el segundo, el velo se entreabre durante un momento, para cerrarse en seguida y seguir tan impenetrable como antes.

CAPÍTULO X

La tercera emanación divina

Para comprender la formación del alma, es necesario considerar un nuevo factor, la tercera emanación de la vida divina dimanante del primer aspecto del Logos. Esta vida infunde en el hombre, el «espíritu que sube a lo alto» en oposición al «espíritu de la bestia que desciende a la tierra». [1] Significa esto, que si el alma del animal después de la muerte de su cuerpo se restituye al alma colectiva a que pertenece, el espíritu divino del hombre se eleva hacia la Divinidad de que emanó.

La tercera oleada de vida está representada por la línea lisa trazada en el lado derecho de la lámina III. Conviene advertir que esta divina proyección no se densifica ni materializa, a medida que desciende en el plano de manifestación. Parece como si no pudiese descender más allá del plano búdico, y que en éste permanece a manera de poderosa nube en espera de ocasión para unirse con la segunda oleada que lenta-

<hr>

[1] Cita entresacada del pasaje del Eclesiastés, 3:21 que dice: «¿Quién conoce el espíritu de los hombres que sube a lo alto, y el espíritu de las bestias, que desciende hacia abajo, a la tierra?»

tamente se eleva. Esta nube parece ejercer una constante atracción sobre la esencia monádica que está por debajo de la tercera emanación divina; pero ésta ha de iniciar la acción de unirse a la primera.

Un ejemplo empleado en Oriente con frecuencia para explicar este proceso, es el de la formación de la tromba marina por medio de una gran nube que permanece sobre el mar, en cuya superficie se levantan y mueven las olas. Al principio parece destacarse de la nube un cono invertido de vapor en forma de torbellino que gira rápidamente. Otro torbellino se forma de súbito en la superficie del océano; pero, en lugar de hundirse como un vórtice ordinario, forma un cono que se eleva por encima de la superficie. Estos dos conos se aproximan con regularidad siempre creciente, hasta que la atracción es lo suficientemente eficaz para unirlos de pronto en una gran columna de agua y vapor.

Las almas colectivas del reino animal proyectan constantemente, durante la encarnación de cada individuo, partículas de su substancia, como olas transitorias en la superficie del mar; y la labor de diferenciación sigue su curso hasta que en un momento dado, una de las olas se eleva a suficiente altura para que la nube se una con ella y engendre un ser que no es ni nube ni agua, sino que participa de la naturaleza de ambos. De este modo se desprende una entidad del alma colectiva a la cual pertenecía, y desde aquel momento no volverá jamás a su origen.

Toda persona que se haya encariñado con un animal verdaderamente inteligente, comprenderá con facilidad la génesis de esta individualización. Habrá podido observar la intensa abnegación que el animal puede sentir por su dueño, así como sus continuos esfuerzos para adivinar sus deseos y procurar complacerle. Es evidente que estos esfuerzos desarrollan en el animal la inteligencia y las cualidades de afecto y abnegación. Llegará tiempo en que el animal transponga el nivel general de su alma colectiva, y arrancado súbitamente de ella, se convierta en un vehículo apto para recibir la tercera oleada divina. Formada la individualidad por la unión de las dos oleadas de vida, prosigue su peculiar evolución, que la conducirá de nuevo a la Divinidad.

A menudo se nos pregunta: Si la esencia monádica es de origen divino y vuelve finalmente a la Divinidad, y si la mónada humana es la sabiduría y la bondad mismas cuando parte para su larguísimo viaje a través de la materia, ¿con qué objeto efectúa esta evolución abrumada de penas y sufrimientos, para regresar a la causa de donde emanó? Esta pregunta deriva de una mala interpretación. Cuando emanó de la Divinidad la que tal vez impropiamente se llama mónada humana, no era en realidad una mónada, y mucho menos la sabiduría y bondad mismas. La diferencia de condición entre la mónada considerada en su punto de partida, y la misma mónada a su retorno a la Divinidad, es exactamente la misma que distingue a la radiante masa de una nebulosa, del futuro sistema solar. La nebulosa es sin duda alguna, espléndida, pero inconsciente de su utilidad; mientras que el sol, salido de esta nebulosa por una lenta evolución, emite vida y calor que sustenta a muchos mundos y a sus habitantes.

He aquí otro ejemplo: El cuerpo humano está compuesto de innumerables millones de partículas tenues, y constantemente salen del cuerpo por desasimilación algunas de ellas. Supongamos que una de estas partículas pudiera emprender cierta línea de evolución, y convertirse con el tiempo en un ser humano. ¿Diríamos que, pues ha sido ya en cierto modo humana al principio de su evolución, no habrá ganado nada cuando alcance su objeto? La esencia monádica actúa como una proyección de fuerza que podemos llamar divina; pero volverá a la Divinidad en forma de centenares de millones de poderosos Adeptos, capaces de convertirse en Logos.

Con la serie de láminas que figuran en esta obra, vamos a tratar de bosquejar este maravilloso aspecto de la evolución. Si conseguimos formarnos una idea del cambio que se opera en los diversos vehículos del hombre, a medida que se desarrolla, podremos transmitir la idea de este proceso a quienes todavía son incapaces de ver por sí mismos. Hay un punto concerniente a la unión de las dos emanaciones divinas, que requiere una explicación preliminar.

Un curioso cambio se ha producido en la línea de acción de la esencia monádica. Durante el transcurso de su evolución por los diferentes reinos, esta esencia ha sido invariablemente el principio que da a las formas su vitalidad y su energía, la fuerza que actúa por medio de una forma temporánea. Ha sido hasta el presente, el dispensador de vida; pero ahora se convierte en receptor.

El cuerpo causal está constituído por la esencia monádica que formaba parte de un alma colectiva animal. Es ovoide, luminoso, vivo y resplandeciente, recibe de un plano superior una luz y una vida más gloriosa todavía por cuyo medio la vida superior se manifiesta como individualidad humana.

Según expliqué al tratar del mismo tema en el Credo Cristiano, nadie debería considerar indigno de tan larga y penosa evolución, un objeto que nos convertirá en uno de los vehículos de la tercera emanación del Espíritu divino. Conviene recordar que si este vehículo no hubiese sido preparado para servir de lazo de unión, la inmortalidad individual del hombre no se hubiera realizado jamás. Ni un apice de la obra realizada en el transcurso de las edades es inútil ni se pierde. La tríada superior así formada, se convierte en unidad trascendental, «no por la transformación de su Divinidad en carne, sino por la ascención de la humanidad en Dios». [1]

Sin este largo período de evolución, la consumación final no hubiera podido alcanzarse, esto es, el hombre no se elevara hasta la Divinidad, con lo cual el mismo Logos se perfecciona, puesto que vuelve a él toda su progenie, sobre la que difundió su inmenso amor, esencia de su divina naturaleza y la progenie se lo restituye.

En la lámina IV está representada una etapa de desarrollo muy superior a la del hombre ordinario, por medio de la figura rómbica situada a la derecha del diagrama, en la que vemos al hombre altamente espiritual, cuya conciencia es superior a la causal. Un hombre así es capaz de actuar libremente en el plano búdico, y su conciencia (a lo menos cuando está fuera del cuerpo) puede manifestarse en un nivel todavía superior a este plano, como lo indica la punta violeta del extremo superior de la figura. En este caso particular, el centro de conciencia figurado por la parte más ancha del rombo, no está ya localizado, como en los casos precedentes, en los planos físico o astral, sino entre el causal y búdico. Las partes superiores del plano mental y del astral están, por lo tanto, más desarrolladas que las inferiores.

La extremidad inferior del rombo penetra en la parte más grosera del plano físico, por una estrecha punta, lo cual demuestra que el hombre posee todavía un cuerpo físico para su labor en el plano correspondiente, pero que sus pensamientos y deseos no están de ningún modo concentrados en él. Agotado há largo tiempo el karma que podría ser causa de su retorno a

(1) Cita extractada del Credo de Atanasio.

la encarnación, y si todavía se sirve de un vehículo en los planos inferiores, es para trabajar en bien de la humanidad y difundir en estos planos una influencia que de otro modo no podría manifestarse. Es cierto que hay vibraciones de la energía divina demasiado sutiles para que a ellas responda la substancia grosera de los planos inferiores; pero si se expresan por medio de vehículos correspondientes a estos planos, perfectamente puros, pueden manifestarse y producir sus resultados.

A los ojos del clarividente experto, un cuerpo causal de reciente formación y poco evolucionado es trasparente y matizado, como una enorme burbuja de jabón, y sólo puede examinarlo con certeza quien haya desarrollado plenamente las facultades de su propio cuerpo causal. Este estado del cuerpo causal se parece, como hemos dicho, a una burbuja de jabón casi vacía en apariencia, pues la fuerza divina contenida en ella, no ha tenido aún tiempo de desarrollar sus cualidades latentes para responder a las vibraciones del exterior y por consiguiente se han desarrollado pocos colores. Los que en ella vemos provienen de determinadas cualidades previamente desarrolladas en el alma colectiva de la cual este cuerpo causal formó parte, y con el objeto de trasmitir estas cualidades a la fuerza divina contenida en las envolturas, se ponen en actividad ciertas vibraciones correspondientes a estas mismas cualidades. Por consiguiente, lo observable en esta forma, se contrae a algunos destellos débilmente coloreados, provenientes de aquella primitiva clase de vibraciones. La lámina V representa el cuerpo causal de un hombre primitivo. La sombra grisácea, a la izquierda del ovoide, no representa ninguna cualidad y realmente no debería existir, pues sólo es una idea del artista para dar apariencia esférica a esta figura.

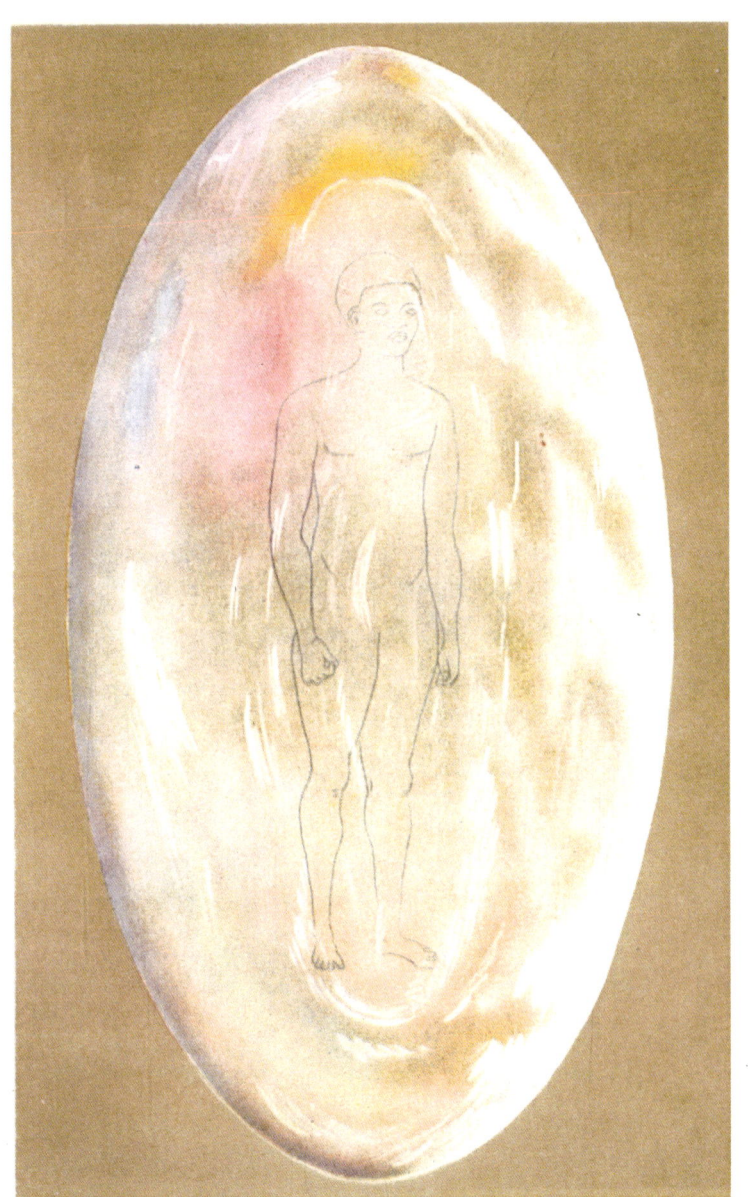

V

Aun poseyendo cuerpo causal, el hombre dista mucho de ser suficientemente consciente para recibir o responder a las impresiones correspondientes al plano causal; y puesto que el método apropiado a la evolución de sus cualidades latentes, necesita las vibraciones del exterior, es indispensable que descienda a un nivel inferior, para encontrar vibraciones que le impresionen. Por esto se le asigna la reencarnación como método de progreso. Reencarnar quiere decir proyectar en los planos inferiores una parte de sí mismo, con objeto de realizar ciertas experiencias, adquirir las cualidades que de ellas resultan, asimilárselas, y luego apropiarse el fruto de estos esfuerzos. En efecto, en el descenso a la reencarnación, que puede compararse a la puesta de un vestido, el Ego espera, si las circunstancias le favorecen, no sólo ganar de nuevo el valor de su vestido, sino también gran parte de los intereses del capital, lo que siempre obtiene generalmente.

Pero como en la adquisición de un vestido puede hacerse un buen o mal negocio, cabe que parte de la nueva vestidura se hunda en el lodo de la materia grosera hasta el punto de que sea imposible recuperarla por entero. [1]

No puedo aquí extenderme en los numerosos argumentos en favor de la reencarnación, pues estan expuestos en el segundo de nuestros manuales teosóficos. [2] En la presente obra, tan sólo me esfuerzo en exponer los hechos tal como los vemos. Es necesario advertir que el proceso de la reencarnación puede observarse en todos sus estados si la clarividencia está suficientemente desarrollada, y para muchos estudiantes de teosofía, la reencarnación no es una simple hipótesis, sino un hecho concreto y observado.

(1) Véase a este propósito la obra: *El Plano Astral.*
(2) *Reencarnación,* por A. Besant. Trad. al español.—(N. del Tr.)

El alma se oculta bajo el impulso de lo que se llama en la India, *trhisna,* la sed de existencia manifestada, el deseo de vivir. Esta sed sumerge al alma en el seno de la materia, define y fortalece al yo por medio del egoísmo, y se presenta a la vista del clarividente en un aspecto poco envidiable, representado en la lámina VII. Gradualmente, aprende que existe una evolución más elevada que la resistente costra de egoísmo, que fué muy necesaria para la formación de un centro poderoso, pero que una vez formado, constituye un obstáculo para el crecimiento de dicho centro y comprende que debe por último desechar esta envoltura. Poco a poco y en el transcurso de numerosas encarnaciones, su representación astral, expuesta en la lámina VII, pasa a la de la lámina X, y más tarde a la de la lámina XXIII. Ahora trataremos de seguir el curso de esta evolución y presentarla en sus diferentes etapas.

CAPÍTULO XI

Cómo evoluciona el hombre

El ego en vías de reencarnar se reviste primeramente de la materia del plano mental, formándose una
envoltura que es expresión exacta, en dicho plano, de
las cualidades precedentemente desarrolladas. Conviene no olvidar que el ego, a medida que desciende,
se va limitando más y más, de suerte que en ningún
plano inferior se manifiesta completamente, sino que
tan sólo expresa parte de sus cualidades. Un cuadro
representa en perspectiva de dos dimensiones una
escena que se supone existir en tres, pero las líneas
y ángulos del dibujo deben necesariamente diferir del
los del espacio que representa. Así mismo, la materia
de los planos inferiores no puede manifestar acabadamente las cualidades del ego, pues las vibraciones de
la materia inferior son demasiado groseras y lentas
para expresar con exactitud dichas cualidades. La
cuerda no tiene suficiente tensión para responder a los
sones de lo alto; pero puede ponerse a tono de modo
que dé las notas correspondientes a una octava más
baja, como un hombre puede cantar al unísono con un
niño que dé las mismas notas con toda la exactitud
capaz de un organismo inferior.

Así pues, el color de una cualidad determinada en el cuerpo causal aparecerá también en los mental y astral; pero a medida que el ego descienda, el matiz de dicho color será menos delicado, brillante y etéreo. Es tal la diferencia de aspecto de la gama de colores en cada plano, que no cabe dibujarlos con exactitud, y para dar idea de ello es preciso establecer gradaciones que definan sus características, pues aun la octava inmediata superior a la física, mientras se halla sujeta a las limitaciones del cerebro físico, transpone los límites de cuanto la inteligencia permite imaginar.

Los colores astrales inferiores son sombríos y mates, comparados con los puros tonos de los planos superiores; pero a pesar de su rusticidad, son luminosos, y más bien parecen sombríos resplandores de una hoguera, que colores obscuros en el sentido literal de la palabra.

Cada vez que pasamos de un estado de materia inferior a un estado superior, observamos que este le aventaja maravillosamente en la capacidad de expresar más nobles cualidades, al paso que mengua la de expresar las que son inferiores. Por ejemplo, el tinte notoriamente repulsivo que en el cuerpo astral representa la grosera sensualidad, no puede aparecer en el mental. Acaso se objete, diciendo que hay pensamientos sensuales; pero no es exacto este concepto, porque si bien es posible forjar una imagen mental *que evoque* una emoción sensual, el pensamiento y la imagen sensual se plasmarán en materia astral y no en mental. Esta imagen dejará señalada huella de su particular matiz en el cuerpo astral, mientras que en el mental intensificará los colores característicos de los vicios peculiares de la mente, como el egoísmo, vanidad y malicia que no tienen posibilidad de expresión en el puro esplendor del cuerpo causal. Pero cada vez que el hombre se deja arrastrar por tales vicios, se intensifican en el cuerpo astral y obscurecen el brillo de los colores que representan las virtudes opuestas en el causal, mucho más próximo a la realidad. Los colores aparecen siempre en gama ascendente. El hombre recibe una impresión del exterior, y en respuesta, se despierta una emoción determinada; y mientras esta emoción persiste, la vibración que la representa predomina en el cuerpo astral, como demuestran las láminas. Al cabo de algún tiempo, la emoción se desvanece, y el color que la representaba se disipa, aunque no completamente. El cuerpo astral contiene cierta porción de materia que vibra normalmente según la velocidad especial de cada emoción, y todo estallido violento en el mismo, aumenta en algo dicha cantidad de materia.

Pongamos un ejemplo. La mayoría de los hombres vulgares poseen cierto grado de irritabilidad que se expresa en el cuerpo astral por una nube de color escarlata. Cuando experimenta súbita explosión de colera, el tinte escarlata invade momentáneamente todo el cuerpo astral, como demostraremos más adelante. Una vez calmada la crisis pasional, el color escarlata desaparece, pero deja señales indelebles, acrecentándose ligeramente la nube escarlata que representa la irritabilidad, y toda la materia del cuerpo astral se hace algo más apta para responder a las vibraciones de cólera en nueva ocasión. El proceso es el mismo para cualquiera otra emoción, buena o mala, y de este modo vemos claramente manifestada en la materia la ley moral de que cada vez que cedemos a una pasión aminoramos la resistencia a un nuevo ataque, al paso que cada esfuerzo para vencer la pasión, facilita la victoria en los ataques sucesivos.

Los colores relativamente permanentes del cuerpo astral indican la persistencia de ciertas vibraciones que con el tiempo influyen en el cuerpo mental, levantando otras vibraciones análogas en el causal; pero

con la condición de que las vibraciones originales sean
capaces de repercutir en la materia causal. Precisamente por medio de vibraciones simpáticas, las nobles
cualidades desarrolladas durante la vida en los planos
inferiores, se van asimilando al cuerpo causal. Felizmente, tan sólo las emociones nobles tienen eficacia
en el cuerpo causal.

Así pues, en el transcurso de numerosas existen-
cias, desarrolla el hombre muchas cualidades, buenas
y malas; pero mientras que toda buena cualidad se
almacena en el cuerpo causal, las malas sólo pueden
manifestarse en los vehículos inferiores, por lo que
son transitorias. La potente ley de justicia divina da
por herencia a cada hombre el fruto de sus propias
acciones buenas o malas; mas los efectos del mal se
agotan necesariamente en los planos inferiores, porque
sus vibraciones son peculiares de la materia de estos
planos, y no pueden repercutir en el cuerpo causal.
Por consiguiente, su energía se actualiza por completo en su propio nivel, y reacciona íntegramente
sobre la vida astral y física del hombre, ya sea en la
presente existencia o en las venideras.

Una buena acción o un buen pensamiento producen
también efecto en los planos inferiores, pero en el
cuerpo causal es su efecto permanente y elevado, con
poderosa influencia en la evolución del hombre. Así
pues, los pensamientos y actos buenos o malos, producen sus resultados en la vida física y manifiestan sus
efectos en los distintos cuerpos transitorios, mientras
que las buenas cualidades se conservan como definiti-
vas adquisiciones del hombre verdadero. Cada vez
que el ego reeencarna, se encuentra frente al mal,
hasta que logra vencerlo, y desarraiga de sus cuerpos
toda tendencia a responder a él, de suerte que ni la
pasión ni el deseo le subyuguen, sino que por el contrario sepa gobernarse en su fuero interno.

CAPÍTULO XII

Lo que manifiestan los distintos cuerpos

El hombre aprende gradualmente la lección de que acabamos de hablar; y así, las primeras manifestaciones del hombre inculto en los planos inferiores, no son las más agradables a la vista. No hemos representado gráficamente el aspecto del hombre absolutamente primitivo, porque nos enseñaría muy poca cosa. El salvaje, cuyo cuerpo causal está representado en la lámina V, puede poseer un cuerpo mental aproximadamente parecido al que representa la lámina VI y un cuerpo astral semejante al representado en la lámina VII.

Conviene tener en cuenta que estos cuerpos ocupan el mismo espacio y se interpenetran, de suerte que observando clarividentemente al salvaje, veríamos su cuerpo físico envuelto en una nube luminosa de forma ovoide, con el aspecto figurado en las láminas V, VI o VII, según la clase de clarividencia empleada.

Los *sentidos astrales* sólo nos permitirían ver el cuerpo astral de este hombre, y examinándolo conoceríamos las pasiones, emociones o sentimientos que experimentaría en el instante de la observación, así como las a que tuviese por costumbre ceder. El cuerpo astral es el campo en que se manifiestan los deseos y

el espejo donde todo acto sensual [1] se refleja instant-
táneamente, y todo pensamiento se manifiesta por
poca relación que tenga con la personalidad. La materia del cuerpo astral proporciona forma plástica a los
tenebrosos elementales que el hombre crea y actualiza
con sus malos deseos y sus malignos sentimientos, así
como a los benévolos elementales creados por la bondad, la gratitud y el amor.

Las manifestaciones del cuerpo astral son fugaces,
pues sus colores, brillo y movilidad varían a cada
momento. Un acceso de cólera llenará el cuerpo astral
de relámpagos de un rojo obscuro sobre fondo negro.
Un terror súbito lo velará instantáneamente de una
nube gris, de pavorosa lividez. Sin embargo, este
cuerpo astral tan inestable tiene momentos de relativo reposo que nos permiten observar un grupo definido de colores que conservan aproximadamente la
misma disposición. Hemos elegido uno de estos momentos para trazar la lámina VII, que como veremos
más adelante, proporciona buen número de indicacio-
nes referentes al tema que nos ocupa.

La *visión mental* nos permitirá conocer el cuerpo
mental del hombre de quien tratamos, según aparece
en la lámina VI. Comparando en lo posible los respectivos colores, el cuerpo mental concuerda casi con el
cuerpo astral en estado de reposo, pero es capaz de
más amplia expresión, pues veremos en él el grado
de desarrollo intelectual y espiritual que en el caso de
que tratamos se contrae a bien poca cosa, pero que más
tarde tendrá considerable importancia, como veremos
posteriormente. El examen del cuerpo mental nos permite colegir a qué categoría pertenece el hombre, así
como el uso que ha hecho de su existencia hasta llegar
al punto en que se encuentra en la encarnación actual.

---

[1]   Todos los actos efectuados por medio de los sentidos físicos.

La *visión causal* nos dejará ver el cuerpo causal del salvaje, y su examen nos enseñará el progreso realizado por el Ego en la evolución que le impulsa hacia la Divinidad. Se ve, pues, que en los diversos planos donde transcurre la vida, es el hombre un libro abierto a los ojos del clarividente experto y capaz de emplear los diferentes modos de visión, pues ni el disimulo ni la ficción son posibles para él en los planos superiores: tal como es el hombre, así aparecerá ante el observador imparcial.

Digo *imparcial* porque cada uno ve a los demás por medio de sus propios cuerpos, como quien mira un paisaje a través de un vidrio de color. Mientras no se prevenga contra esta influencia, estará expuesto el clarividente a considerar sus personales características como predominantes en el sujeto que observa; pero bastará un poco de práctica y atención, para leer clara y exactamente en los cuerpos ajenos.

CAPÍTULO XIII

Los colores y su significado

Para estudiar concienzuda y minuciosamente los diversos cuerpos, debemos familiarizarnos con el significado general de los colores que presentan, según se ve en la lámina I. De la combinación de los colores primarios resulta una casi infinita variedad de secundarios. Procuré representar lo más aproximadamente posible el exacto color que expresa cada emoción determinada. Sin embargo, las emociones humanas no son casi nunca homogéneas, y el observador debe clasificar constantemente los matices indeterminados y analizar los numerosos factores de su composición.

Por ejemplo, la cólera está representada por el rojo escarlata, y el amor por el carmesí y por el rosa; pero muy a menudo, tanto la cólera como el amor llevan profundamente marcado el sello del egoísmo, y entonces el color de tierra grisáceo, característico de este vicio, alterará la pureza de los colores respectivos, en el grado en que se encuentre mezclado con aquellos sentimientos. La cólera y el amor pueden también mezclarse con el orgullo, que inmediatamente manifestará un tinte anaranjado obscuro. En el transcurso de nuestra investigación observaremos muchos ejemplos de parecidas combinaciones, así como de los tonos de ellas resultantes; pero debemos primeramente aprender el significado de los colores primarios, según lo exponemos a continuación.

Negro.—Las densas y negras nubes en el cuerpo astral denotan odio y maldad. Cuando, por desgracia, cede una persona a un acceso de cólera pasional, las terribles formas de pensamiento del odio aparecen flotando en su aura como las espirales de una espesa humareda.

Rojo.—Los relámpagos de un rojo obscuro sobre fondo negro denotan habitualmente cólera. Con este color se mezcla algo del color terroso, según la intervención del egoísmo en la cólera experimentada. Lo que a menudo se llama «noble indignación» en un individuo oprimido u ofendido, puede manifestarse por medio de relámpagos de un rojo escarlata brillante sobre el fondo normal del aura.

Rojo sanguíneo opaco.—Este color, difícil de describir, es indudablemente indicio de sensualidad.

Color de tierra.—El color de tierra rojizo, sin brillo, casi de moho, denota avaricia. Este tono aparece generalmente en franjas paralelas que atraviesan el cuerpo astral, dándole muy raro aspecto.

El color de tierra grisácea, iluminado por relámpagos de color rojo obscuro o escarlata, indica celos. Casi siempre se observa este color en cantidad considerable en el hombre vulgar, cuando está bajo el dominio del amor terreno.

Gris.—Un tono denso, gris plomizo, expresa profundo abatimimiento. Cuando es habitual, suele dar al cuerpo astral un indefinible aspecto melancólico y triste. Este color tiene de común con el de la avaricia, la curiosa particularidad de disponerse en franjas paralelas. Tanto uno como otro parecen encerrar a su desgraciada víctima en una especie de jaula astral.

El *gris lívido,* tono horrible y espantoso, indica miedo.

Carmesí.—Indica amor y constituye el más hermoso de cuantos colores ofrecen al observador los cuerpos del hombre vulgar, pero naturalmente varía mucho según la índole de amor. Puede estar empañado, obscurecido o señaladamente tinto del color opaco del egoísmo, si es amor que anhela correspondencia o remuneración. Pero si el que ama no piensa jamás en sí mismo ni en lo que puede recibir en correspondencia, sino únicamente en lo que puede dar y en darse todo entero en voluntario sacrificio por el amor del ser amado, entonces se manifestará por un maravilloso color de rosa que, cuando excepcionalmente brillante y matizado de color lila, denota el espiritual amor por la humanidad. Los matices intermedios son innumerables. Por otra parte, puede estar matizado por otros diversos sentimientos, como el orgullo, los celos, etc.

Anaranjado.—Denota siempre orgullo o ambición. Presenta casi tantas variedades como el precedente, según la índole de cada característica de este sentimiento. No es raro verle unido a la irritabilidad.

Amarillo. — Es de muy buen indicio, y denota siempre cierto grado de intelectualidad. Sus matices son extremadamente variados y a veces demasiado complejos para admitir la mezcla de otros colores. Generalmente, el amarillo es más obscuro y menos brillante cuando la inteligencia se aplica con preferencia a objetos inferiores y principalmente egoístas. Es de un tono de oro brillante y se eleva gradualmente al espléndido, claro y luminoso color de limón, cuando la inteligencia se dedica a objetos cada vez más elevados e *impersonales.*

Verde.—Ningún color entraña tan variados significados, y por lo tanto, requiere algún estudio para interpretarlo correctamente. La mayor parte de sus significados demuestran una especie de *adaptabilidad,* en un principio mala y falsa, pero algunas veces buena y simpática. El verde gris es una de las variedades difíciles de describir, y sólo puede serlo por la palabra «cenagoso». Denota trapacería y astucia. Predomina en el cuerpo astral de la mayor parte de los salvajes; pero desgraciadamente, no es raro encontrarlo entre los hombres más civilizados, que deberían haber transpuesto ha mucho tiempo el grado de evolución que este color indica. A medida que el hombre progresa, mejora de tono y se transforma en esmeralda vivo, que significa versatilidad, ingenio y fecundidad en los recursos, pero ya no la tendencia de hacer mal uso de estas cualidades. Este tono denota el deseo de «hacerse indispensable», no con la intención de engañar a los demás o de inducirlos a error, sino más bien para hacérseles simpático y alcanzar elogios o favores. Luego, a medida que se desarrolla la comprensión, esta facultad sirve para ayudar a los demás y confortarlos. Este color se convierte algunas veces en un maravilloso verde azulado, pálido y luminoso, de matiz delicado, como se puede ver en un cielo puro durante una puesta de sol. Entonces representa algunas de las más elevadas cualidades de la naturaleza humana, como son la profundísima simpatía y compasión, con el poder de perfecta adaptabilidad que sólo estas cualidades pueden dar. Al principio de su desarrollo, un brillante color verde manzana parece ir siempre acompañado de una gran vitalidad.

Azul.—Un azul transparente, aunque intenso, indica generalmente devoción; pero presenta también innumerables variedades, según sea mera mogigatería egoista o noble devoción. Es susceptible de que lo maticen la mayoría de los colores que indican las características más arriba mencionadas, resultando todos los matices posibles, desde el índigo y el violeta intenso, hasta el gris azul plomizo que caracteriza a los adoradores de fetiches en Africa. Los colores del amor o del miedo, de la hipocresía o del orgullo, pueden mezclarse con el de la devoción, y ofrecen al observador una inmensa variedad de combinaciones. El *azul pálido*, como el de ultramar o cobalto, denota impulso hacia un noble ideal espiritual, y puede transmutarse gradualmente en azul violeta brillante, que denota elevada espiritualidad, y va generalmente acompañado de haces de centelleantes estrellas de oro, indicio de elevadas aspiraciones espirituales. Fácilmente se puede imaginar la cantidad casi innumerable de combinaciones y modificaciones que pueden derivar de todos estos colores, de manera que expresen con gran exactitud las más sutiles variedades del carácter, los sentimientos más complejos y los más fugaces. El brillo del cuerpo astral en conjunto, sus contornos más o menos definidos, el grado relativo de radiación de sus diferentes centros de actividad, son otros tantos elementos que el observador debe tener presente para comprender el significado íntegro de lo que ve.

Por último, diremos que las facultades psíquicas desarrolladas o en vías de desarrollo se manifiestan por medio de colores ultraespectrales, de suerte que es imposible representarlos con los colores del plano físico. Los diferentes tonos del ultra-violeta denotan el desarrollo de las puras cualidades superiores más puras, mientras que las tristes combinaciones del infrarojo, revelan la perversidad del hombre que se dedica a las prácticas perniciosas y egoístas de magia negra. El desarrollo oculto se manifiesta no solamente por la presencia en el aura de los colores correspondientes a este estado, sino también por el intenso brillo de los diversos cuerpos, por el aumento de sus dimensiones, y por sus más definidos contornos. Las láminas en colores que siguen a confinuación, lo demuestran con perfecta claridad.

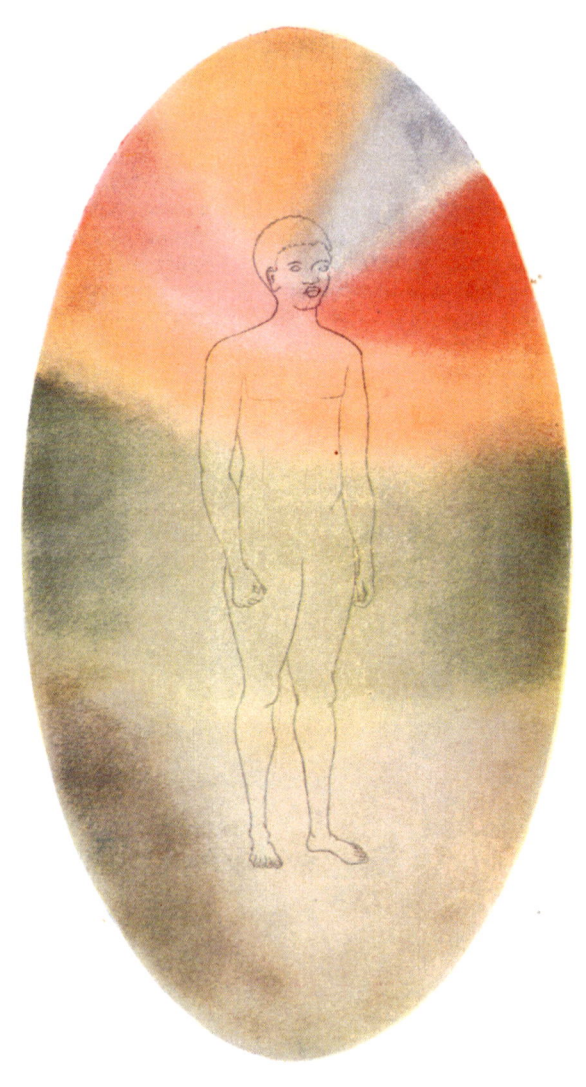

VI

CAPÍTULO XIV

El salvaje

Ocupémonos ahora del *cuerpo mental* del salvaje (lámina VI), apoyados en estas enseñanzas que, a primera vista, podemos ver comprobadas por los hechos. Aunque en conjunto este cuerpo mental sea mezquino y poco desarrollado, demuestra que el hombre ha realizado algunos progresos. El amarillo opaco, en la parte superior, indica algo de inteligencia; pero su tono sucio denota también que se dedica exclusivamente a fines egoístas. El gris azulado denota devoción fetichista, temerosa e inspirada en consideraciones de interés personal, mientras que el carmesí cenagoso de la izquierda señala los primeros albores de un afecto eminentemente egoísta. La franja de color anaranjado opaco denota orgullo de orden inferior. La gran mancha escarlata expresa una excesiva tendencia a la cólera, que evidentemente estalla a la menor contrariedad. La ancha franja verde sucio, que ocupa gran parte del cuerpo que estudiamos, denota trapacería, perfidia y avaricia, que está indicada por el tono moreno. Finalmente observamos en la base del óvalo una especie de depósito cenagoso que demuestra el egoísmo en general y la ausencia de toda noble cualidad. La ausencia de las cualidades superiores en este cuerpo mental, nos permite prever con certeza, que si observamos el *cuerpo astral* correspondiente (lámina VII), veremos que su poseedor no tiene apenas dominio propio. En efecto, gran parte del cuerpo astral está exclusivamente ocupada por la sensualidad, que se manifiesta por un repulsivo rojo terroso parecido al rojo sanguíneo. Es difícil reproducir el tinte lúgubre que caracteriza este instinto, desgraciadamente muy común excepto en los egos más avanzados. La trapacería, el egoísmo y la codicia se hallan evidentemente en este cuerpo como era de prever, y la feroz cólera se revela en las manchas rojo escarlata opaco. Apenas si se encuentra en este vehículo indicio alguno de afecto, y la poca inteligencia y devoción que aparecen son de ínfimo orden.

Observando la irregularidad de los contornos de este cuerpo astral, sus manchas, y la disposición de sus colores, podremos más adelante compararlos con los cuerpos de hombres más evolucionados y comprobaremos un gran progreso. Los colores siempre se mezclan y entrefunden; pero en el hombre ordinario propenden a disponerse en franjas más o menos regulares, y el contorno del ovoide se regulariza y define. En el del salvaje sucede lo contrario; todo es irregular porque cede sin resistencia a los impulsos violentos y a menudo mal dirigidos. Es un ser muy repulsivo, y sin embargo, todos hemos pasado por esta fase, y las experiencias realizadas nos han elevado a una condición algo más pura y noble.

Sólo algunas razas inferiores de negros y los restos de la tercera raza ofrecen hoy día tan inferior grado de evolución. Llamamos indistintamente «salvajes» a gran número de hombres que como los zulús, maorís e isleños del Pacífico han alcanzado ya considerable desarrollo y aventajan a algunos hombres civilizados. Teniendo

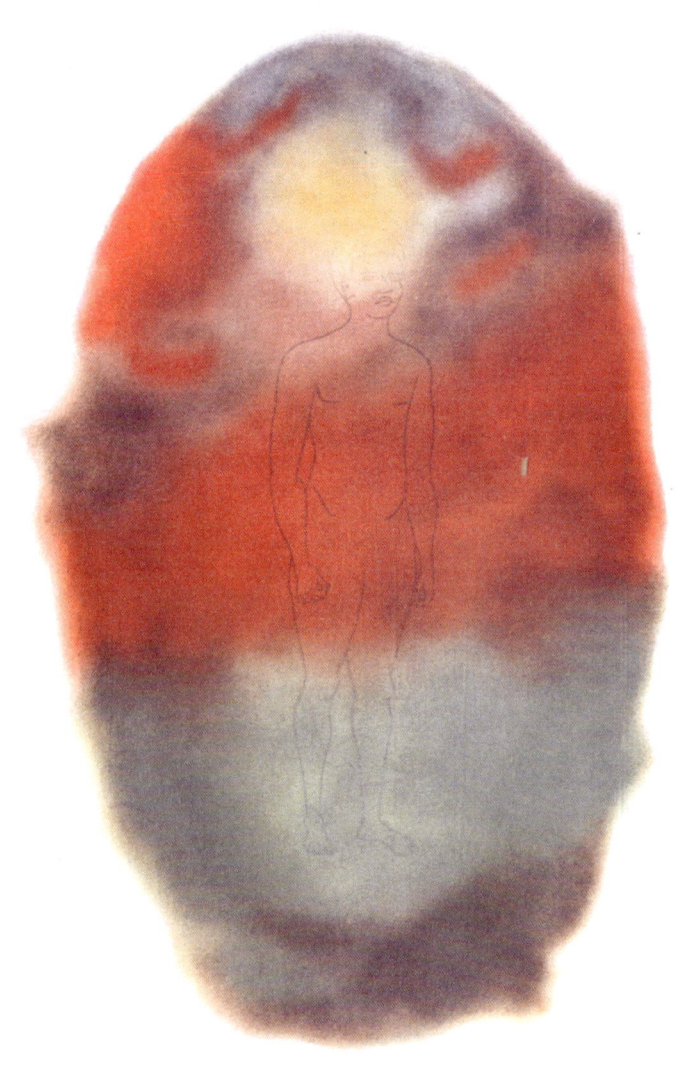

VII

presentes las variaciones individuales, el cuerpo astral de estos salvajes relativamente superiores ofrece en general un aspecto intermedio entre los representados en las láminas X y VII.

Si queremos formarnos idea del aspecto de los diversos cuerpos humanos, es indispensable no olvidar jamás que las partículas de materia que los constituyen están constantemente animadas por un rápido movimiento. En algunos casos, que oportunamente mencionaremos, estos cuerpos presentan franjas precisas y líneas claramente trazadas; pero en la gran mayoría, las nubes de color no se confunden, sino que voltean sin cesar unas sobre otras, apareciendo y desapareciendo a causa de este movimiento.

En rigor, la superficie de la niebla luminosa de brillantes colores se parece algo a una cascada, y se ve en ella un torbellino de partículas, que tan pronto se levantan de la superficie como caen de nuevo, cambiando incesantemente de lugar. Así, los diversos colores no conservan siempre las respectivas posiciones que representan las láminas, aunque se mueven aproximadamente en el indicado orden. El amarillo, el rosa y el azul no se encuentran siempre agrupados como los representamos, sino que su movimiento es giratorio sin moverse de la cúspide del ovoide. Siempre se les ve próximos a la cabeza del cuerpo físico, mientras que los que caracterizan el egoísmo, la avaricia, el engaño o el odio tienden siempre hacia abajo, y los que denotan sensualidad flotan habitualmente entre ambos.

A cada grado de vibración de que resultan los colores, corresponde una clase distinta de materia astral o mental, en la que se expresan; y la posición media de cada color, en la movediza niebla del aura, depende de la densidad de la materia correspondiente, Toda la materia del cuerpo astral, o poco menos.

puede vibrar pasajeramente a impulsos de una súbita oleada de pasión; pero volverá a su estado normal, excepto la porción de materia peculiar de la cólera, en cuanto cese el arrebato. Cada hombre tiene su idiosincrasia particular, y no hay dos exactamente iguales; pero cada ejemplo que presentamos representa el término medio de su categoría, y los diversos colores de sus cuerpos aparecen en la parte del óvalo que ocupan en estado normal.

En las láminas está bosquejado el cuerpo físico para dar idea de sus dimensiones comparadas con las de los otros cuerpos, cuyas respectivas proporciones varían poco, excepto en el hombre sumamente desarrollado, cuyos vehículos se agrandan considerablemente como veremos más adelante.

VIII

CAPÍTULO XV

El hombre vulgar

Dejemos ahora al salvaje para examinar al hombre que representa el término medio de nuestra raza y época. Veamos los progresos que ha realizado en comparación del tipo precedente, y cómo se manifiestan en sus diversos cuerpos. Para nuestro análisis, no tomaremos por tipo a un sabio ni a un santo, sino al hombre vulgar de las capas inferiores de la clase media: el tendero, el portero o el cartero, aunque no del tipo más ordinario, sino intermedio. Si examinamos con la visión apropiada el *cuerpo causal* de un hombre semejante, encontraremos aproximadamente el grado de desarrollo indicado en la lámina VIII. El gran óvalo demuestra considerable y definido desarrollo de sus contenidos, y aunque sea incoloro en más de su mitad, aparecen en su interior algunos colores sumamente tenues y delicados. El significado de los colores es el mismo en este plano que en los inferiores, aunque en este estado indican positivas cualidades, adquiridas permanentemente por el ego, y aunque estén muchas «octavas» por encima de las que representan las mismas cualidades en los planos inferiores, su examen demuestra que el hombre ha desarrollado ya parte de inteligencia superior, algo de la verdadera devoción

y del amor verdaderamente desinteresados. Sea cual
fuere la medida en que manifieste estas cualidades en
los planos inferiores, le pertenecen para siempre como
capital permanente y cualidades inherentes en todas
las encarnaciones que el porvenir le reserva. Su cuerpo causal nos manifiesta también un ligero tono del
delicado violeta, indicio de amor y devoción, capaces
de convertirse hacia un supremo ideal. También se
observa un ligero tono verde claro, que representa
simpatía y compasión.

El *cuerpo mental* del hombre vulgar (lámina IX)
denota considerable progreso con relación al del salvaje. No solamente ocupan la inteligencia y la devoción un área mayor, sino que han ganado considerablemente en calidad. Y aunque están aún lejos de ser
perfectamente puras, presentan ciertamente un conjunto de tonos mucho mejor que el de la lámina VI.
El orgullo ocupa un espacio semejante al que antes
ocupaba; pero es de más elevada índole. Si el hombre
es aún orgulloso, más bien se enorgullece de las buenas cualidades que imagina poseer, que de su superio-
ridad física en el ejercicio de la fuerza brutal, o de la
crueldad. El color escarlata, todavía en proporción
considerable, indica propensión a la cólera; pero se
observará que en el ovoide que representa al hombre
vulgar está localizada más abajo de lo que lo estaba
en el salvaje, lo cual demuestra el mejoramiento de la
calidad de materia de que está compuesto su cuerpo
mental. En el del salvaje hemos observado un verde
viscoso que indica trapacería aliada a la avaricia y al
egoísmo. Las vibraciones productoras de este color
tan sólo se levantan en una materia más densa y grosera que la del escarlata que indica la cólera. Por el
contrario, el verde notoriamente más agradable del
cuerpo mental del hombre vulgar transmite sus vibraciones a una materia un poco menos densa que la del

IX

X

color escarlata. De aquí proviene el aparente cambio de las posiciones respectivas de estos colores. El verde ha mejorado de tal manera, que indica cierto grado de versatilidad y adaptabilidad, más bien que trapacería y astucia. El color terroso de las tendencias egoístas se encuentra todavía en gran proporción en el cuerpo mental del hombre ordinario; pero se observa que es un poco más vivo y algo menos repulsivo.

En la lámina X veremos el *cuerpo astral* del hombre vulgar, advirtiendo que concuerda aproximadamente con su cuerpo mental, aunque los colores sean un poco más groseros y manifiesten muy claramente ciertas pasiones inexpresables en el mental. Sin embargo, denota mejoramiento considerable con relación al cuerpo astral del salvaje (lámina VII). Demuestra menos sensualidad, aunque desgraciadamente sea todavía una de las características predominantes; pero en el fondo es menos brutal, y ha dejado de ser el tono más potente. El egoísmo continúa muy acentuado, y ciertamente que el hombre en este estado es todavía capaz de engaño para conseguir sus propósitos; mas el verde de su vehículo astral parece ya dividirse en dos calidades distintas, demostrando que la astucia, propiamente dicha, se convierte gradualmente en adaptabilidad.

La lámina X representa un cuerpo astral de mediana *calidad* entre la clase de personas a que pertenece; indica la *condición* media de este cuerpo, o sea cuando está en relativo estado de reposo. El cuerpo astral de una persona vulgar está tan raras veces en reposo, que nos formaríamos una idea muy incompleta de los aspectos que puede tomar, si descuidásemos el análisis de los cambios que nos ofrece bajo la influencia de las impresiones súbitas o de las oleadas de sensación. Además, hay ciertas características del espíritu, más permanentes, que modifican el cuerpo astral y merecen descripción aparte.

XI

CAPÍTULO XVI

Emociones súbitas

Algunas de estas emociones producen resultados muy sorprendentes en el cuerpo astral y merecen atento estudio.

Por ejemplo, la lámina XI expresa los efectos producidos durante un transporte súbito de afecto vivo y perfectamente puro, como cuando una madre toma a su hijo en brazos y lo cubre de besos. Una viva agitación invade repentinamente el cuerpo astral, y durante un momento se velan los colores de su estado normal o de reposo. En este caso, como en todos los siguientes, el cuerpo astral de la persona vulgar, tal como lo representa la lámina X, sirve de base para ilustrarla; pero se ve muy poca cosa de ella durante el período de una emoción momentánea. Si se observa en la lámina XI el cambio efectuado, advertiremos que consiste en cuatro modificaciones distintas:

1.ª Han aparecido las espirales o torbellinos de color vivo y de forma definida, que son duraderos e irradian una luz intensa que proviene del interior. Cada una de ellas es una forma de pensamiento engendrado anteriormente en el cuerpo astral en el momento de proyectarla hacia el objeto del afecto. Estos torbellinos nebulosos de luz viviente son difíciles de pintar, pues su belleza excede a toda descripción.

2.ª El cuerpo astral está lleno de líneas horizontales de luz carmesí, animadas por vibraciones aún más difíciles de describir con exactitud que las formas de pensamiento, a causa de la extrema rapidez de su movimiento. No obstante, el artista acertó a expresar el efecto general.

3.ª Una especie de envoltura muy tenue, color de rosa, cubre la superficie entera del cuerpo astral, de suerte que todo el interior se ve a través de la misma como a través de un globo de color. En la lámina, este velo se percibe solamente en los bordes.

4.ª Una oleada de color carmesí envuelve el cuerpo astral, dando en cierto modo su tono peculiar a todos los demás colores; y aquí y allá se condensa en franjas flotantes e irregulares a manera de cirrus a medio formar.

Este brillante fuego artificial del plano astral, sólo dura algunos segundos, y en seguida recobra su estado normal; pero cada impulso del mismo sentimiento produce su efecto. El tono carmesí permanente de la parte superior aumenta algún tanto, y deja las partículas del cuerpo astral un poco más aptas para asimilar la primera próxima oleada de afecto que se produzca. Por transitorio que sea un impulso semejante, como quiera que se repite muchísimas veces, se acumulan sus efectos.

Veamos, por otra parte, cómo entra en acción la dichosa influencia ejercida sobre otra persona, por la radiación de las vibraciones llenas de vida, amor y gozo.

XII

Devoción

La lámina XII es casi idéntica a la XI, con la diferencia de que el azul reemplaza al carmesí. Esta lámina representa el efecto momentáneo de un impulso de devoción, que envuelve y transporta al místico al estado de contemplación. Sus manifestaciones toman las mismas cuatro formas que hemos observado en el caso de un impulso de afecto. Las espirales que centellean en forma de torbellinos, las líneas horizontales que vibran con rapidez, la envoltura exterior y las franjas nebulosas tienen precisamente el mismo significado, substituyendo solamente el afecto por la devoción.

Un impulso tan perfecto de devoción es bastante raro y mucho menos común que un impulso de amor igualmente perfecto. Algunas veces aparece una oleada de sentimientos de esta naturaleza, pero generalmente sin el mismo grado de precisión, en una persona que adora ante un altar o ante una imagen de la Virgen. Generalmente, las líneas paralelas son menos regulares y acentuadas. Las espirales claramente definidas de la lámina están reemplazadas por azules nubes amorfas, que se ven a menudo en las iglesias, destacándose lentamente, como los torbellinos de una densa humareda, por encima de la cabeza de los fieles. Sin embargo, no se ven estas nubes en las iglesias a la moda, donde los hombres piensan en las vicisitudes de su última especulación comercial, mientras que las señoras están en sus delicias criticando mutuamente sus vestidos. Tampoco se ve nada semejante en ciertas asambleas religiosas donde los pensamientos no se detienen humildemente en la adoración y la devoción, sino que la arrogancia y el engreimiento personal se desbordan en las gárrulas y pomposas arengas de los oradores, así como en la actitud de los circunstantes, siempre dispuestos a la controversia y a la caza de herejías. Se encuentra, por el contrario, positiva devoción entre los disidentes iletrados, acompañada de sentidos himnos, aunque sean inarmónicos. También se encuentra algunas veces entre pobres campesinos reunidos en una iglesia católica, y aún más a menudo entre los abnegados y devotos fieles de la Iglesia ritualista. Esta devoción puede no ser inteligente, pues las grandes nubes azules raramente se iluminan con la débil luz dorada; pero tal como se manifiesta es sincera, y tiene indudablemente por efecto realzar a quienes la experimentan.

No obstante, en la gran mayoría de los casos, la devoción parece ser siempre vaga y mal definida, y es verdaderamente difícil observar una manifestación tan perfecta como la que presentamos en nuestra lámina.

Cólera intensa

La lámina XIII es tal vez la de más sorprendente aspecto, y sin otra explicación constituye una elocuente advertencia contra la locura y perversidad del hombre que cede a un acceso de cólera. Como en los casos precedentes, el cuerpo astral, en estado normal, constituye la base momentáneamente obscurecida por la oleada de pasión; pero los enérgicos y vívidos pensamientos que en este caso se manifiestan, expresan malicia y perversidad. También se presentan en forma de vórtices o torbellinos, semejantes a pesadas masas tempestuosas de un negro de hollín, alumbrados inte-

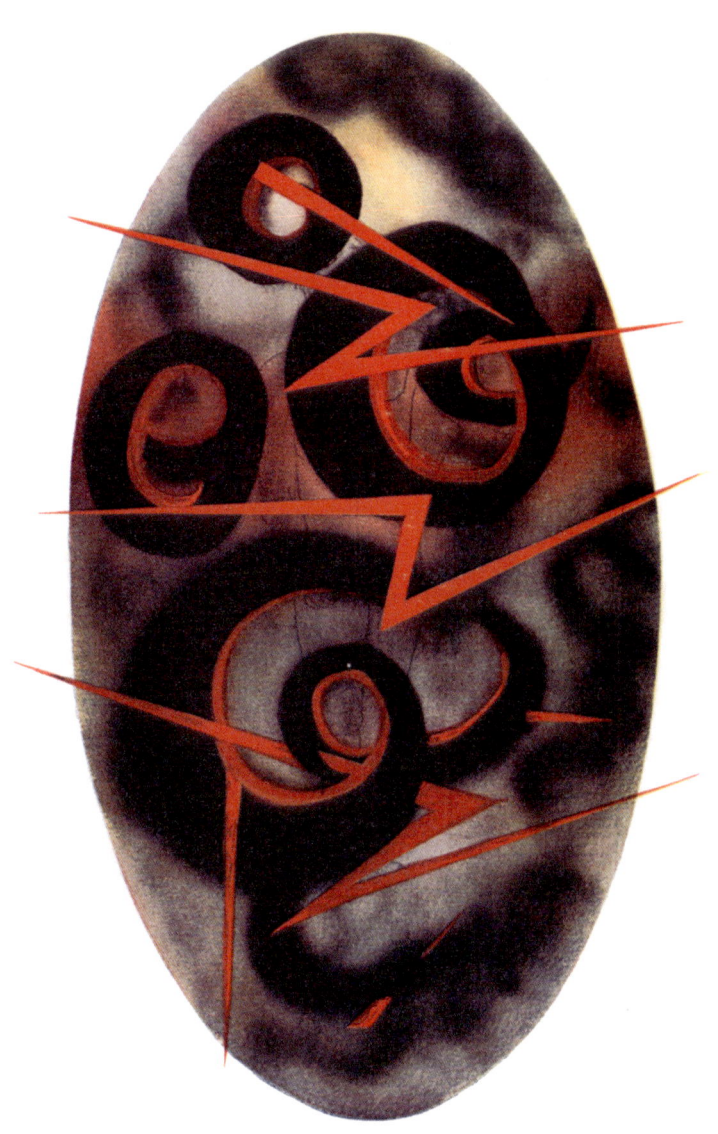

XIII

riormente por los siniestros resplandores del odio en actividad. Nubes lúgubres, menos definidas, arrastradas por los vórtices, manchan todo el cuerpo astral, mientras que los dardos inflamados de la cólera desenfrenada serpentean en ellas como los fulgores del rayo. Este espectáculo es terrible, verdaderamente horroroso, y cuanto más se le comprende, más terrible resulta. El caso que representamos es el de un hombre arrebatado por la ira, absolutamente fuera de sí, que en aquel momento había perdido todo dominio de sí mismo, y era capaz de las más atroces crueldades. En un tal estado puede cometer cualquier crimen, o realizar un acto tal, que toda una vida de arrepentimiento no podría borrar. Aunque en rigor, la educación y el miedo al castigo le impidiesen cometer violencia, los terribles relámpagos del odio penetran el cuerpo astral de los demás a manera de punzantes cuchillos, de modo que hiere a cuantos le rodean, aunque menos visiblemente que si los agrediese en el plano físico. Se experimenta gran horror al considerar que si es un peligro para los demás, en aquel momento la pasión le domina por completo, el elemental del deseo es el dueño absoluto, y el hombre real ha perdido temporalmente el dominio de su cuerpo. En estas condiciones, otra voluntad más poderosa puede eventualmente apoderarse del timón de la barca abandonada, y disputar su posesión al capitán legítimo cuando vuelva en sí, esto es, que cuando el hombre está arrebatado por la ira, se expone a ser «poseído» y obseso por un desencarnado de análoga naturaleza, o bien por algún elemental artificial cuyas vibraciones sean sincrónicas con las que le dominan. En este caso, no solamente constituye un peligro para sus semejantes, sino que también se halla en estado terriblemente peligroso.

El caso que hemos elegido por ejemplo es raro, pues tal estado sólo duraría, por regla general, algunos mi-

nutos; pero aproximadamente las mismas características se presentan en todo aquel que se abandona a un
acceso de cólera violenta. Si supiese en qué aspecto
aparece a los ojos de quienes lo pueden ver, cuando
se deja arrastrar por un acceso de cólera, se esforzaría
en gran manera para evitarlo. El arrebato pasa, pero
deja sus huellas. En el cuerpo astral de la generalidad
de los hombres, hay siempre cierta cantidad de color
escarlata, que denota la propensión a la cólera y a la
irritabilidad. Cada acceso de ira añade algo y aumenta en la materia del cuerpo la capacidad de responder
con mayor facilidad que antes a estas repulsivas vibraciones.

Conviene también recordar que la cólera, aunque
no sea permanente, queda registrada para siempre en
la memoria de la naturaleza. Aunque el elemental crea-
do por la malevolencia deje de existir después de un
lapso proporcional a la intensidad del mal pensamiento
generador, perdura la viviente fotografía de todos los
instantes de su vida, y los resultados de sus más remo-
tas acciones aumentarán, en estricta justicia, la cuenta kármica de su creador.

El miedo

Extraños son los efectos del miedo en el cuerpo astral. El terror súbito lo invade de una extraña niebla
gris lívida, y al mismo tiempo aparecen líneas horizontales del mismo color, vibrando con tal violencia, que
apenas se distingue separación entre ellas. El efecto es
indeciblemente pavoroso, y la pintura es incapaz de dar
idea fiel. La lámina XIV sugiere su aspecto en cuanto
cabe a los artificios gráficos; pero no puede representar

XIV

la extraña manera como momentáneamente se desvanece toda luz en el cuerpo, ni el temblor indecible que
mueve toda esta masa gris como agitada por intenso
escalofrío.

Semejantes manifestaciones denotan tremendo pá-
nico, y generalmente pasan pronto. Un estado de miedo
permanente o de extrema nerviosidad se manifestará
en formas muy diferentes; pero el color gris y el temblor característico son invariables signos del obsesio-
nante miedo.

XV

CAPÍTULO XVII

Condiciones más permanentes del cuerpo astral

Hemos tratado de describir los efectos inmediatos de algunas emociones súbitas que afectan a los cuerpos externos del hombre, explicando que por fugaces que sean no dejan de producir en el ego resultados permanentes. Sólo nos falta describir cómo se manifiestan ciertas tendencias o condiciones del carácter, a fin de ver hasta qué punto modifican los progresos del hombre en su camino ascendente.

Sin embargo, hay un estado que determina un resultado considerable en la vida de la mayor parte de los hombres, y no pertenece del todo a ninguna categoría de dichas influencias. Tal estado sobreviene a menudo repentinamente, y en la mayor parte de los casos, no dura toda la vida, aunque no desaparece tan rápidamente como las impresiones de que hemos hablado. Como quiera que sea, en la vida de un hombre como el representado en las láminas VIII, IX y X, esta impresión es generalmente el principal acontecimiento, a menudo el único verdaderamente luminoso en una existencia, por otra parte monótona, egoísta y sin ideales. Es la única ocasión en que este hombre ha podido realzarse temporalmente y vivir durante determinado período en un plano superior.

Esta súbita transformación sobreviene cuando el hombre «se enamora». Es difícil para quienes tienen la dicha de vivir más elevada y cultamente, darse cuenta del cambio que esta pasión opera en la existencia del hombre vulgar. Quienes viven en la libre atmósfera de las artes, de la música, de la ciencia y de la filosofía, y se preocupan de los intereses del mundo en general y cuyos pensamientos son habitualmente altruístas, difícilmente pueden remontarse en alas de la imaginación al grado evolutivo en que se encontraban en periodos precedentes, en condición de egos menos evolucionados, con intensa concentración en sí mismos, limitado horizonte y miras estrechas y mezquinas. Es evidente que la divinidad reside en los egos jóvenes, si bien en estado latente, y no es raro en ocasión oportuna verles sobresalir brillantemente en actos de gran heroísmo o admirable sacrificio. Pero esto no impide que sus egos *sean* más jóvenes, y que en las circunstancias ordinarias vivan la limitada vida de que hemos hablado.

En una vida oscura y llena de limitaciones, brilla repentinamente un rayo de lo alto, y en respuesta, la divina chispa que reside en aquel ser, ilumínase con viva llama. En lo sucesivo, semejante hombre podrá perder la benéfica influencia, y caer una vez más en las tinieblas de sus pasados días; pero nada será capaz de arrebatarle el beneficio de haber visto las Puertas de Oro, y de haber recibido, hasta cierto punto, la gloriosa revelación de la vida superior. Pasó por una fase en que durante un lapso más o menos largo quedó destronado el yo y otro ser ocupó el trono. De esta suerte aprende por primera vez una de las lecciones más bellas de su larga evolución. Transcurrirán siglos antes de que se asimile completamente la lección; pero este primer vislumbre es de transcendental importancia para el ego, y los efectos que produce en el cuerpo astral merecen especial atención.

Esta transformación es inesperada y completa, tal como puede verse comparando la lámina X con la XV. Es tan extraordinaria, que ambos cuerpos parece que no pertenecen a la misma persona. Se puede ver que de momento han desaparecido algunas cualidades y otras se han vivificado mucho, o han cambiado considerablemente sus respectivas posiciones.

El egoísmo, la falsedad y la avaricia se han desvanecido, y la parte más inferior del óvalo se llena de gran número de pasiones animales. El verde de la adaptibilidad queda reemplazado por el verde terroso de los celos, y la extrema actividad de este sentimiento se manifiesta por los brillantes rayos de color escarlata correspondientes a la cólera, que se entremezclan con este color.

Los cambios desfavorables están de sobra compensados por la espléndida franja carmesí que ocupa la mayor parte del óvalo. De momento, ésta es la característica dominante, y el cuerpo astral resplandece por completo con su luz. Bajo su influencia, ha desaparecido el aspecto general terroso del cuerpo astral en su estado ordinario, y tanto los buenos como los malos colores son ahora brillantes y claramente definidos. Hay en este caso una intensificación de la vida en determinadas modalidades.

Se observará también que el azul de la devoción ha mejorado notablemente, y tal ha sido el progreso realizado, que un pálido tono violeta aparece en la cima del ovoide e indica la capacidad de responder a un ideal realmente elevado e inegoísta. Por el contrario, el amarillo del intelecto ha desaparecido completamente, y un espíritu burlón diría que la estupidez es la característica de tal estado.

Apenas parece posible que después de este brillante estado pueda el hombre caer de nuevo en la condición representada por la lámina X. Sin embargo, así sucede en la mayor parte de los casos; pero aún entonces, el carmesí aumenta considerablemente, y su color es más vivo que antes. La experiencia de un verdadero amor es evidentemente muy ventajosa para el ego, que así progresa positivamente, aunque pueda ir acompañado de muchas cosas poco deseables. La afección intensa y desinteresada que algunos niños sienten por otros de más edad es un poderoso factor para su progreso, pues estando este afecto libre de toda relación con la naturaleza animal inferior, es para ellos un beneficio efectivo. Sucede lo mismo que con las flores de los árboles frutales: su forma, a menudo muy bella, no tiene utilidad aparente, pero sí objeto, pues la flor atrae la savia que producirá el fruto venidero.

El irascible

Vamos a examinar cómo se expresan en el cuerpo del hombre ciertas peculiaridades del carácter. El caso del hombre irascible es un adecuado ejemplo. Del modo que le podemos ver en la lámina XVI, hay en su cuerpo astral habitualmente, como nota dominante, una ancha franja escarlata. Pero lo que especialmente le diferencia de los demás hombres, es la presencia, en todo el cuerpo astral, de pequeñas manchas flotantes del mismo color escarlata, algo parecidas en su forma a puntos de admiración provenientes de pequeños accesos de cólera provocados por los menudos disgustos que constantemente ocurren en el curso ordinario de la vida. Cada vez que la persona sufre una contrariedad, por ejemplo, si encuentra el café frío, si se le ha escapado el tren o si el niño ha volcado el tintero,

XVI

XVII

el hombre irascible deja escapar una exclamación de impaciencia o de cólera, y un pequeño relámpago escarlata revela este indómito sentimiento. En ciertos casos, estos leves impulsos de un temperamento indisciplinado, se dirigen hacia la persona merecedora de la reprensión; pero en muchos otros casos, permanecen simplemente flotando, suspensos en la materia del cuerpo astral, y presentan el aspecto representado en la lámina. Estas manchas se debilitan gradualmente, pero, al instante las reemplazan otras, pues el hombre irascible jamás carece de motivos de enfado.

El avaro

Otro espectáculo sorprendente, aunque afortunadamente menos común, es el representado en la lámina XVII. El fondo difiere un poco del cuerpo astral ordinario, pues se nota la ausencia total de la devoción y algunos afectos mucho más inferiores a lo normal. La avaricia, el egoísmo, la malicia y la adaptabilidad o, mejor dicho, la astucia, son intensas, pero por otra parte, hay muy poca sensualidad. Sin embargo, la característica más notable se encuentra en la curiosa serie de líneas paralelas, casi horizontales, que cruzan el óvalo, y causan la impresión de que el hombre está encerrado en una jaula. Estas líneas de color opaco, casi de siena quemada, están unidas y claramente señaladas en sus bordes superiores, pero se funden hacia abajo en una especie de nube. Este es el ejemplo de la avaricia caracterizada, de un caso extremo y naturalmente poco común; pero un gran número de personas tienen, al parecer, en su naturaleza, algunos elementos del avaro y los manifiestan por una intensificación del color de la avaricia, por una o dos de estas líneas en la parte superior del cuerpo astral. El tipo elegido como ejemplo es excepcional, y raras personas están completamente dominadas por este vicio. Mientras el vicio persiste, parece tener por efecto la paralización de todo desarrollo, y es muy difícil deshacerse de él una vez ha dominado la personalidad.

Abatimiento profundo

El cuerpo que se ve en la lámina XVIII, se parece al precedente bajo muchos aspectos. No obstante, tenemos aquí líneas de un gris opaco en lugar de las líneas terrosas, y el efecto total, desde el punto de vista del observador, es indescriptible por lo triste y deprimente. En este caso, parece que no está ausente ninguna cualidad, y tenemos por base los ordinarios colores del cuerpo astral, pero todos velados por pesadas líneas de profunda tristeza. La lámina representa una persona dominada por un acceso de extremo abatimiento, aunque hay gran número de grados intermedios entre el ejemplo elegido y el representado por un cuerpo astral en estado normal. Puede no haber más que algunas de las líneas que caracterizan el abatimiento, y aun pueden ser transitorias, o bien, en casos no tan determinados ni persistentes, la espesa nube apenas tiene el tiempo necesario para ordenarse en líneas. No obstante, son muchas las personas que se abandonan a estas emociones y se dejan envolver en la nube de la desesperación, de suerte que el mundo entero les parece cubierto con un velo de negrura. No

se dan cuenta de que por esta actitud de su ánimo, retardan seriamente su propia evolución, pierden la oportunidad de muchas experiencias aprovechables, y así causan, sin necesidad, injusticias y sufrimientos a cuantos les rodean.

No hay estado psíquico más contagioso. Sus vibraciones irradian en todas direcciones, y sus disolventes y funestos efectos penetran en todos los cuerpos astrales que se les aproximan, ya pertenezcan a un encarnado o a un desencarnado. El hombre que se abandona de este modo al desaliento, es un peligro tanto para los vivos como para los muertos, pues en estos tiempos de nerviosidad y especulaciones intelectuales, la mayor parte de las personas difícilmente resisten el contagio de estas tristes vibraciones. Sólo está al abrigo de tan terribles influencias quien comprende el por qué de la vida y la mira desde el punto de vista filosófico y práctico, dándose cuenta de que tiene el deber de ser feliz, puesto que es la voluntad del Logos que lo sea. El estudiante de Teosofía debería distinguirse de los demás por la perfecta serenidad con que ha de afrontar todas las dificultades, así como por el gozo radiante que experimente al ayudar a los demás. Felizmente, podemos estar rodeados de buenas influencias, del mismo modo que podemos estarlo de las malas, y el hombre lo suficientemente sabio para ser feliz, se convertirá en un centro de felicidad para los demás, en un verdadero sol que irradie luz y alegría a su alrededor, en la medida que le permitan sus oportunidades, en un colaborador de Aquel que es el manantial de toda felicidad. Así es que todos debemos contribuir a la desaparición de las tristes líneas del abatimiento, a fin de que el ego, su prisionero, quede libre en la esplendente luz del amor divino.

El devoto

Para terminar el estudio de los diversos aspectos del cuerpo astral, será conveniente examinar dos tipos muy distintos, de cuya comparación tendremos mucho que aprender.

El primero está representado en la lámina XIX y podríamos decir que corresponde al devoto. Los colores de su cuerpo astral nos demuestran sus características particulares. Vemos que posee algo, aunque poco, del color violeta pálido, que indica la posibilidad de que lo atraiga un elevado ideal. La nota dominante de este tipo es un desarrollo poco común del color azul, indicio de una profunda religiosidad. Desgraciadamente sólo se ve una pequeña porción del color azul claro puro, que representa la devoción desinteresada. En su mayor parte, es de un tono más obscuro y borroso, que indica la existencia de una regular cantidad de deseos e interés personal.

La pequeña parte de amarillo denota en nuestro sujeto una inteligencia demasiado limitada. La inteligencia es muy necesaria para llenar debidamente los deberes religiosos y no caer en mogigatería. El afecto y la adaptabilidad están bastante bien representadas, aunque no de un orden muy elevado. En cuanto a la sensualidad, su proporción excede en mucho el término medio, y también preponderan la astucia y el egoísmo. Es extraño que una intensa sensualidad y un temperamento religioso se vean tan a menudo unidos; y esto parece dar a entender que debe de existir alguna relación oculta entre estos dos aspectos, o bien que ambos constituyan el temperamento de un ser que vive tan sólo de sensaciones, gobernado por ellas, en vez de

XIX

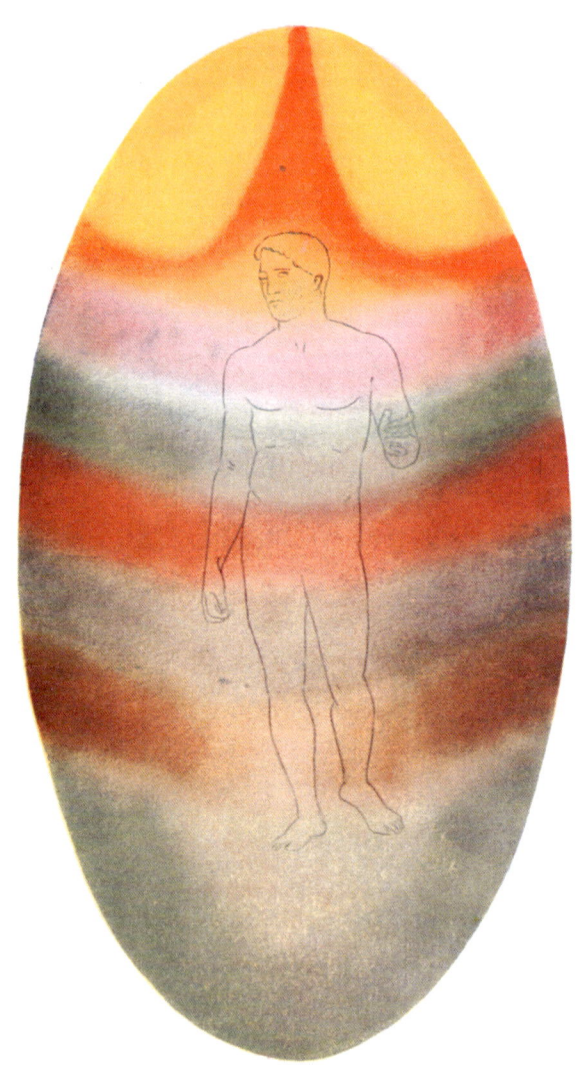

XX

tratar de dominarlas por medio de la razón. Otro punto a que conviene atender es la irregularidad en la distribución de los colores y la vaguedad de sus contornos. Todos ellos se entrefunden y en ninguna parte hay líneas claras y definidas. Esto representa una característica especial, esto es, la vaguedad de las aspiraciones del devoto. Es evidente que en este ejemplo, como en los demás, consideramos únicamente las variaciones del hombre vulgar. El cuerpo astral de la lámina XIX no es el de un devoto desarrollado, guiado por la razón, y cuya devoción es el fruto del conocimiento, sino el de un devoto vulgar y poco inteligente.

El científico

El observador no puede por menos de quedar maravillado ante el contraste que presenta el cuerpo representado en la lámina XX, en comparación del que acabamos de describir. Las principales características de la lámina XIX son la devoción (o un aspecto de la misma), el sensualismo y una pequeña parte de intelectualidad. En el tipo que representa la lámina XX ya no hay nada de religiosidad, y el sensualismo es mucho más limitado de lo que lo es en la generalidad; pero, por el contrario, el intelecto está en grado casi anormal. El afecto y la adaptabilidad están débilmente representados; son de mediana calidad y parecen eclipsados por el desarrollo de la inteligencia. En efecto, el tipo que examinamos no está aún lo suficientemente evolucionado para poseer a la vez todas estas cualidades en su aspecto superior. También se observan en él, si bien en mediana proporción, el egoísmo, la avaricia y cierta tendencia a los celos. Pero la característstica preponderante es la gran cantidad de amarillo dorado, que demuestra una inteligencia muy desarrollada y, sobre todo, dirigida hacia la adquisición del conocimiento. Un gran cono de color anaranjado brillante se eleva en medio del amarillo e indica la presencia de una notable cantidad de orgullo y de ambición, unidos al conocimiento científico. Sin embargo, el tono particular del amarillo excluye toda idea de envilecimiento del intelecto para fines puramente egoístas.

Conviene observar que el hábito del orden en el científico influye en la disposición de los colores astrales, que propenden a disponerse en franjas regulares, y las lindes entre ellas son más definidas que en los ejemplos precedentes.

Es evidente que los cuerpos representados en las láminas XIX y XX corresponden a dos distintos tipos de desarrollo; y si cada uno de ellos tiene su aspecto bueno, también tienen señaladas desventajas. Vamos ahora a examinar los vehículos del hombre superior, que posee en alto grado las diversas y equilibradas cualidades, de suerte que cada una sostiene y fortalece a las otras, en lugar de dominarlas o reprimirlas.

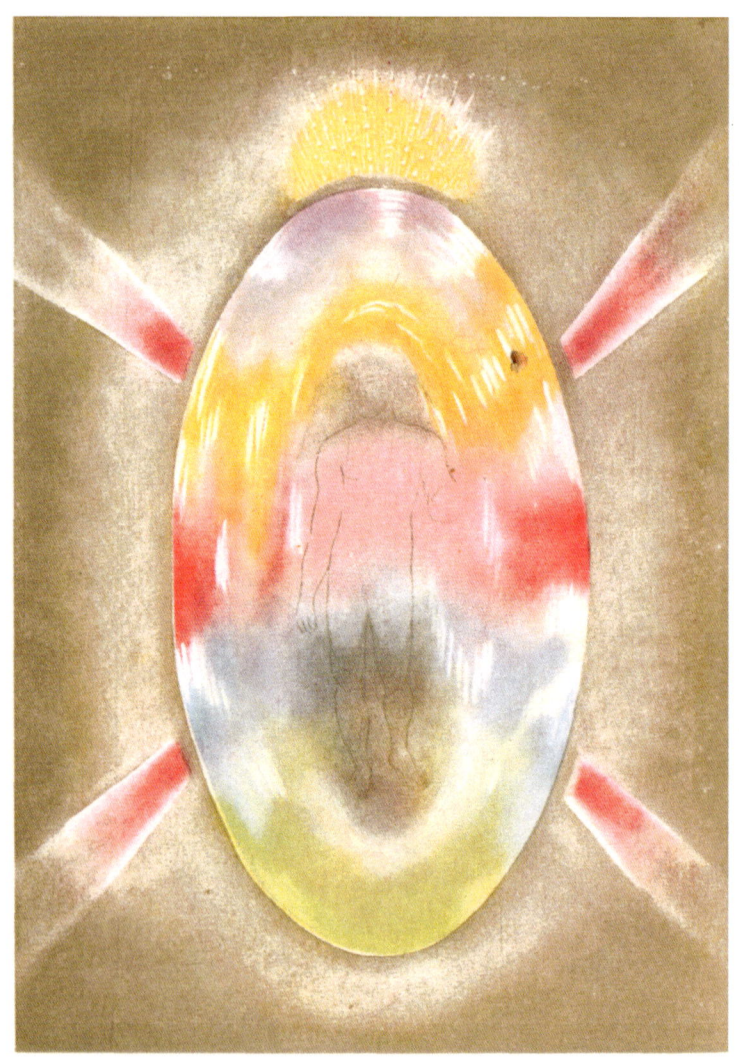

XXI

CAPÍTULO XVIII

El hombre evolucionado

La palabra «evolucionado» es relativa y conviene explicar lo que en este caso significa. Cuerpos evolucionados son los de todo hombre de pensamientos puros, que resuelta y conscientemente pone sus afectos y aspiraciones en las cosas elevadas. Sin embargo, no son los de un hombre muy avanzado en el sendero que conduce al adeptado, pues hay en este caso considerable diferencia, tanto en intensidad como en disposición. Pero los cuerpos evolucionados nos indican que su poseedor investiga la verdad, se eleva sobre los intereses terrenales y vive por un ideal. En esta categoría, hay unos más adelantados en un sentido que en otro. El ejemplo propuesto es el de un hombre equilibrado, en término medio de los que han llegado al nivel de que hablamos.

La lámina XXI representa el *cuerpo causal*. Comparado con las láminas V y VIII veremos cuál ha sido el progreso del hombre y en qué aspecto se manifiesta. Observamos que se han desarrollado en él numerosas y bellas cualidades, pues el espléndido y matizado globo está lleno de exquisitos colores que simbolizan las modalidades superiores del amor, abnegación y simpatía, con añadidadura de un intelecto refinado y espiritual y de constantes aspiraciones a lo divino. A este propósito dije en el sexto manual teosófico: *El Devakán*:

«Este cuerpo de materia inconcebiblemente tenue e imponderable, de intensa y palpitante vida, como fuego viviente, a medida que perfecciona su evolución se transforma en un globo de radiantes colores, cuyas vibraciones ondulan en cambiantes matices desconocidos en la tierra, y de brillo, suavidad y transparencia indescriptibles. Imaginaos, por ejemplo, los colores de una puesta de sol en Egipto, y añadid la maravillosa suavidad de una noche de estío en los países del norte. Prestad a estos colores más luz, transparencia y esplendor, de modo que aventajen a la más policroma paleta, y sin embargo, quien no las haya visto no podrá imaginar la belleza de las radiantes esferas que brillan en el campo visual del clarividente cuando se remonta a este mundo superior.

«Todos los cuerpos causales de esta índole están llenos de viviente fuego que proviene de un plano superior, con el cual parece unido cada globo por un hilo centelleante de tan intensa luz, que nos recuerda el pasaje de las estancias de Dzyan: «La chispa está suspendida de la llama por el tenuísimo hilo de Fohat.» Mientras más crece y se nutre el ego del inagotable manantial del Espíritu divino, por medio del canal luminoso del cual está suspendido, más se extiende y se dilata este canal bajo la acción del flúido que lo inunda. Después, en el próximo subplano se ve como un torrente de luz que une la tierra con el cielo. Más arriba aún, se resume en una esfera inmensa de donde brotan oleadas de vívida luz, como un océano sin límites en cuyo seno parece fundirse el cuerpo causal: «El hilo que une al Vigilante silencioso con su sombra es más fuerte y radiante a cada cambio. Los resplandores de la aurora se han convertido en el glorioso esplendor del sol de mediodía. Esta es tu rueda actual, dice la Llama a la chispa. Tú eres yo mismo, mi imagen y mi sombra. Yo me he revestido de tí y tú eres mi vahan, hasta el día *sed con nosotros,* en que te convertirás en mí mismo y en los demás, en que seas tú mismo y yo.»

¡Qué impotencia siente uno al intentar describir esta gloria! Sin embargo, el artista ha conseguido representar con suma habilidad lo de que ningún pincel es capaz, y aunque la imagen física mejor ejecutada esté muy lejos de la trascendental realidad, ofrece no obstante a la imaginación un punto de apoyo que nos permite formarnos una idea de la inexplicable realidad.

Una de las más hermosas características del hombre evolucionado es su aptitud para canalizar la fuerza que recibe de lo alto. Se ven emanar de su cuerpo causal corrientes de esta fuerza en diversas direcciones, pues la ausencia de egoísmo, su actitud compasiva y su generosidad permiten a la fuerza divina expresarse en él como un poderoso manantial por cuyo conducto llega a quienes no son bastante fuertes para recibirla directamente. Convertirse de este modo en limosnero de Dios, es un privilegio digno de nuestros esfuerzos, y está a nuestro alcance por poco que nos esforcemos.

Las brillantes chispas que coronan la parte superior del óvalo indican la actividad de las aspiraciones espirituales, que aumentan en gran manera la belleza y magnitud del conjunto. Por humildes que sean las ocupaciones del hombre en el plano físico, estos rayos no dejan de elevarse constantemente del cuerpo causal, pues cuando el ego está despierto en su propio plano y comienza a comprender lo que es, así como la naturaleza de sus relaciones con lo divino, aspira siempre hacia la causa de donde emanó, y permanece indiferente a cuantas actividades pueda ejercer por un tiempo determinado en los planos inferiores. No olvidemos que aun la más noble personalidad permanece siempre como una débil y pobre expresión del Yo. Así pues, desde que el hombre superior comienza a desgarrar su propio velo, se abre ante él un campo de acción casi ilimitado, un horizonte inmenso, del que no puede darnos idea alguna nuestra limitada vista física.

Los pensamientos y aspiraciones espirituales se manifiestan en el hombre evolucionado por medio de una refulgentísima aureola, que constituye el canal dispensador de la energía divina, de suerte que mientras más potentes y definidas son sus aspiraciones, mayor es la gracia que recibe de lo alto.

El cuerpo mental del hombre evolucionado

A medida que el observador estudia un ser cada vez más elevado, no sólo queda sorprendido de lo que sus cuerpos se han sutilizado y mejorado, sino que también son más semejantes unos a otros. Admitiendo entre los diversos colores pertenecientes a los planos causal y mental, la misma diferencia que entre los tonos de la escala cromática, la lámina XXII es casi una reproducción de la lámina XXI y aun más notable parecerá la analogía entre las láminas XXII y XXIII.

Recordemos, sin embargo, que al compararlos entre sí, los colores astrales son de un tono inferior a los del plano mental.

Si comparamos las láminas XXII, IX y VI, se verá que es muy notable el progreso del cuerpo mental

XXII

desde el salvaje hasta el hombre libre de egoísmo. Se podrá observar que el orgullo, la cólera y el egoísmo han desaparecido, y que los colores restantes no solamente se han intensificado hasta llenar la totalidad del óvalo, sino que su tonalidad ha mejorado hasta el punto de causar una impresión completamente distinta. Cada color es más armónico y delicado, puesto que ha desaparecido todo sentimiento egoísta. A estos colores se añade el violeta puro con estrellas de oro, que denotan la adquisición de nuevas y superiores cualidades. La energía que irradia del cuerpo causal actúa igualmente a través del mental, aunque con menos fuerza. El cuerpo mental reproducido es de un tipo muy elevado; está bien desarrollado y contiene todas las posibilidades de un rápido progreso en el sendero cuando llegue la hora.

El cuerpo astral

A primera vista, el cuerpo astral del hombre evolucionado (lámina XXIII) se parece mucho al mental, pero no es más que su reflejo en la materia del astral. Esta analogía nos indica que el hombre ha vencido ya enteramente sus deseos por el predominio mental, y que su ya despierta razón es capaz de resistir con firmeza el furioso asalto de las pasiones. No habiendo dado aún los primeros pasos en el sendero, persiste en él la propensión a irritarse eventualmente o a ceder a ciertas necesidades imperiosas y poco deseables; pero sabe lo bastante para reprimir en lo sucesivo las manifestaciones de orden inferior y sostener contra ellas una lucha constante en lugar de ceder a su dominio. Si bien estos defectos pueden todavía influir temporalmente en el cuerpo astral, no podrán producir en él impresiones duraderas, y cederán por último ante las vibraciones mucho más potentes de las cualidades superiores.

En las mismas condiciones, pero en un estado todavía más avanzado, el mismo cuerpo mental se convierte en reflejo del causal; pero entonces, los impulsos del Yo son los únicos guías del hombre.

Esta lámina explica un interesante fenómeno relativo al color amarillo que representa el intelecto. Este color se presenta invariablemente en el punto superior del óvalo en la proximidad de la cabeza. De aquí el refulgente nimbo que circunda la cabeza de los santos. En efecto, el amarillo es el color que más se destaca en el cuerpo astral, y cuando una persona un poco desarrollada lleva a cabo un esfuerzo de cualquier naturaleza, ya sea en un sermón o en una conferencia, sus facultades intelectuales están sometidas a una actividad inusitada, y entonces se intensifica la aureola amarilla. En algunos casos que he observado, esta aureola franqueó los límites de la visión física, y la percibieron muchas personas que no tenían otro poder visual que el de nuestro plano. En estos casos, no es que las vibraciones astrales disminuyan de intensidad hasta descender más abajo del grado vibratorio que las separa de la vibración física, sino que, por el contrario, son cada vez más enérgicas, hasta el punto de provocar vibraciones sincrónicas, aun en la densa y grosera materia del plano físico. Los pintores de la edad media que aureolaron la cabeza de los santos, tomaron la idea de la percepción accidental de este fenómeno, o de las tradiciones de los clarividentes. Recordemos también, que a veces hay representada una cruz en la aureola del Cristo. Esta adición, estrictamente imaginaria, no la desmiente la observación oculta, pues a menudo se ha visto que las figuras geo-

XXIII

métricas que simbolizan ciertos pensamientos elevados y de transcendental alcance, se encuentran en las auras de personas muy evolucionadas. [1]

El estudiante sacará algún provecho comparando cuidadosamente los ejemplos que presentamos. En primer lugar examinará cada cuerpo causal en su relación con el cuerpo mental y el astral, que son sus expresiones parciales, y comprenderá de este modo la relación entre estos diferentes cuerpos. Luego, comparará los tres cuerpos astrales de las láminas VII, X y XXIII, para darse cuenta de los progresos realizados en el cuerpo de deseo, que es el que el clarividente percibe más fácilmente, y también el único que puede ver la persona de ordinario desarrollo psíquico. La misma comparación podrá hacerse entre las láminas IX y XXII, y después entre las V, VIII y XXI, que servirá para comprobar los progresos del hombre en los cuerpos superiores.

En la literatura teosófica hay muchas obras que explican complementariamente esta evolución y determinan las cualidades morales necesarias para los diversos estados. Es tema de gran interés, pero que excede algo a los límites de esta obra. [2]

Por la lectura de estas obras, podrá el estudiante formarse una idea, no solamente de las condiciones de nuestro progreso futuro, sino también del glorioso porvenir que nos espera cuando hayamos alcanzado tales condiciones, y después de muchas vidas en esta vieja madre tierra, aprendamos las lecciones que tiene por objeto enseñarnos. Entonces llegaremos a la «resurrección de los muertos», a que con tanto ardor aspi-

(1) Véase el artículo de la señora Besant sobre las «Formas de Pensamiento».

(2) Quienes deseen estudiarlo, pueden consultar «Protectores invisibles», capítulo XIV al XVI; y de Besant: «Hacia el Templo» y «El Sendero del Discipulado».

raba San Pablo, pues nos habremos librado de la muerte y del nacimiento, transponiendo el ciclo de necesidad, y seremos por siempre libres para auxiliar a nuestros hermanos y compañeros en el sendero que acabamos de recorrer, hasta que puedan alcanzar a su vez lo que para nosotros se ha convertido en luz y victoria. Esta es la misma para todos. Todo ego, por joven que sea, alcanzará más o menos tarde esta gloriosa meta. La «salvación» no es dudosa para nadie, puesto que el hombre no tiene necesidad de salvarse sino de su propio error e ignorancia. Para él no hay «esperanza eterna», sino eterna certeza. Todos deben alcanzar esta gloria, puesto que tal es la voluntad de Dios, que con este sólo fin nos ha dado la existencia. Siempre progresa el mundo, y nuevas fuerzas comienzan a actualizarse con seguridad de que la aurora matutina se convierta en esplendoroso medio día. Aun la más penetrante vista, no descubre término alguno a las perspectivas de progreso de la humanidad. Solamente sabemos que el progreso conduce a indescriptibles, ilimitados y divinos esplendores.

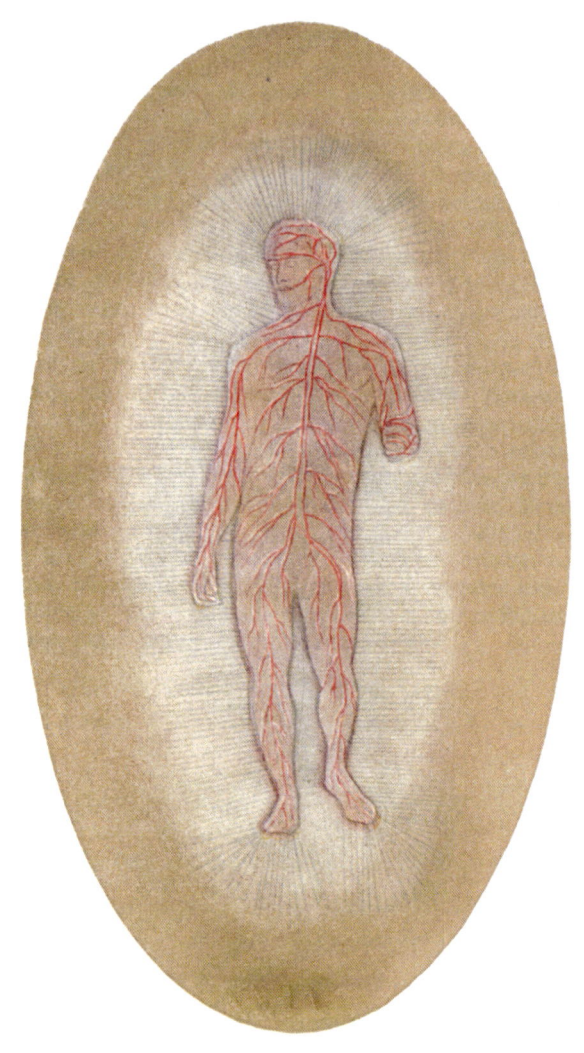

XXIV

CAPÍTULO XIX

El aura de salud

Hasta ahora nos hemos ocupado exclusivamente en las relaciones entre los cuerpos del hombre y los planos superiores; pero nuestra exposición sería incompleta si guardásemos silencio respecto de la materia física extremadamente sutil que la vista del clarividente percibe formando parte del aura humana. La mayor parte de esta materia es etérea, y constituye lo que se llama el doble etéreo. No es en modo alguno un cuerpo distinto, sino que forma parte del físico. Aparece al clarividente como una nube de vapor débilmente luminosa, de un gris violáceo, que interpenetra la parte densa del cuerpo físico y se extiende ligeramente a su alrededor. Podremos darnos más exacta cuenta, consultando las láminas XXIV y XXV. Esta materia etérea es el lazo que une lo astral a lo físico; pero además sirve de vehículo a la fuerza vital en el plano físico.

El sol, dispensador de calor y luz, es para nuestro mundo la fuente de toda vida, y en el sentido íntimo de la palabra, es también el origen de la fuerza vital que nos inunda y llena constantemente la atmósfera terrestre. Cuando el sol brilla, es más activa, y nuestros cuerpos viven únicamente por absorberla. Una de las funciones de la parte etérea del bazo es absorber esta energía vital, especializarla, transformarla cuando pasa por este órgano, y darle un aspecto diferente.

La fuerza es invisible como todas las demás; pero difundida a nuestro alrededor en la atmósfera, se manifiesta en forma de millones de partículas tenues, incoloras, y sin embargo, de intensa actividad. Después de absorbida la fuerza vital en el organismo humano por medio del bazo, las partículas toman un hermoso color de rosa pálido, y lo mismo que los corpúsculos sanguíneos, circulan a lo largo de las arterias, venas y nervios, tanto en la superficie como en el interior del cuerpo. Hemos tratado en nuestra lámina de representar el aspecto general de esta corriente, sin pretender dar idea exacta del sistema nervioso.

No hay duda de que dicha corriente es necesaria para el funcionamiento regular de los nervios, pues cuando deja de actuar no hay sensación. Sabemos que el frío puede entumecer una pierna dejándola insensible al tacto. La razón de esta insensibilidad es la carencia de circulación de la fuerza vital, aunque se achaque a falta de circulación de la sangre; pero quienes han estudiado magnenismo, saben cuán fácil es producir insensibilidad por medio de pases magnéticos, que no alteran la circulación de la sangre, puesto que el miembro conserva su calor, pero suspende la circulación del flúido vital y lo sustituye por el del magnetizador. En cuanto la vista nos permite comprobar, los nervios permanecen intactos y en perfecto estado, pero no cumplen su misión transmisora, puesto que el flúido que los anima no está en relación con el cerebro del sujeto, sino con el del operador.

En un hombre en perfecto estado de salud, el bazo funciona activamente, la fuerza vital se especializa por completo e irradia al exterior en todas direcciones.

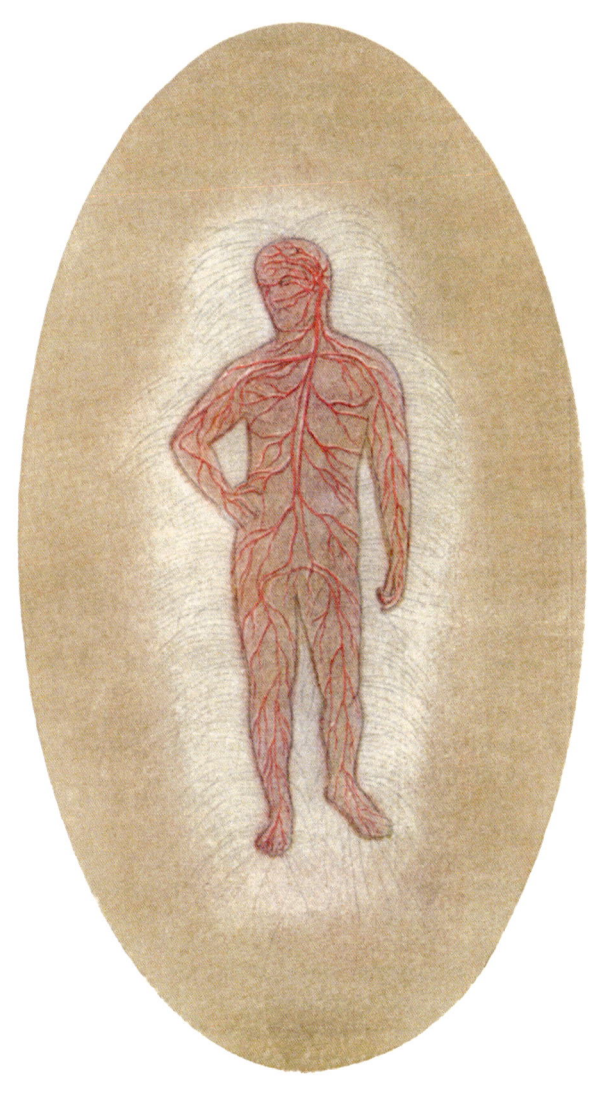

XXV

Por consiguiente, una persona que se encuentre en este caso, no solamente es capaz, por el uso de pases magnéticos o sin ellos, de ceder intencionadamente una parte de su flúido a otra persona, sino que vierte sin cesar, aunque inconscientemente, el vigor y la vitalidad en todos aquellos que se le aproximan. Por otra parte, un hombre a quien una enfermedad u otro motivo cualquiera le impide especializar para su uso una cantidad suficiente de la fuerza vital del mundo, obra a veces, aunque inconscientemente, a manera de esponja que absorbe el flúido ya especializado de todo ser sensitivo que tenga la desgracia de encontrarse cerca de él, causando bastante amenudo grave perjuicio a su víctima.

Muchas personas han experimentado algo de este fenómeno, pues han encontrado entre sus relaciones ciertas personas cuyas visitas dejaban siempre una impresión de fatiga y de inexplicable languidez, como la que suelen sentir los que frecuentan las sesiones espiritistas y no toman ninguna precaución contra la absorción de su fuerza vital durante las manifestaciones.

Esta radiación produce un efecto sorprendente en la parte puramente física del aura humana. Sabido es que contínuamente se eliminan del cuerpo humano partículas sutiles de materia densa de orden físico, ya sea por la transpiración o por otros medios. El clarividente ve en una ligera niebla gris el conjunto de estas partículas que, en muchos casos, no son otra cosa que diminutos cristales geométricos, entre ellos los cubos de cloruro de sodio o sal común. Esta parte puramente física que emana del cuerpo del hombre y le envuelve por todos lados, es el aura de salud, puesto que sus condiciones están determinadas por la salud del cuerpo. Es ligeramente azulada, casi incolora, y parece estriada, es decir, compuesta de una infinidad de líneas rectas que irradian simétricamente en todas direccio-

nes, y salen de los poros del cuerpo humano. Tal es, a
lo menos, el estado normal de estas líneas, en perfecta
salud. Son regulares, y tan completamente paralelas
como permite su radiación. Pero en casos de enfermedad, las líneas se hacen irregulares en la cercanía,
entrecruzándose en el más completo desórden, o encor-
vándose como los pétalos de una flor marchita.

Es conveniente fijarse bien en este curioso aspecto.
Al emitir el cuerpo sano una constante radiación de
fuerza vital, produce en el aura de salud la rigidez y
paralelismo de las líneas; pero tan pronto como cesa
esta radiación, las líneas se hacen irregulares y confu-
sas. Una vez restablecido el paciente, se reorganiza
gradualmente la radiación normal de esta energía, y
las líneas del aura toman de nuevo el orden regular.
En tanto que las líneas son firmes y rectas, y la fuerza
irradia de ellas de una manera contínua, parece estar
el cuerpo casi por completo al abrigo de morbosas influencias físicas, como los bacilos patógenos que la
proyección de la fuerza vital repele. Mas este sistema
de defensa es muy insuficiente, y les es fácil a los agen-
tes morbosos entrar en el organismo, cuando por cualquiera causa, ya sea por debilidad, por herida o lesión,
por un trabajo excesivo o por extremado abatimiento
moral, o bien por los excesos de una vida irregular, se
necesita extraordinaria vitalidad para reparar el daño
o las pérdidas sufridas por el cuerpo, puesto que hay
notable disminución de la energía de las radiaciones.

Conviene advertir que es posible detener, por medio de un esfuerzo de voluntad, la radiación vital
en el extremo límite de sus líneas, y construir allí una
especie de escudo o de capa absolutamente impenetrable para los gérmenes patógenos. Un esfuerzo algo
mayor puede hacerlo igualmente impenetrable para
las influencias elementales del plano astral, mientras
persista el esfuerzo volitivo.

Las láminas XXIV y XXV representai
del aura de un cuerpo sano y de un cuerp
No hay que olvidar que esta aura es casi
Está compuesta de materia física y no neces
tanto, para ser vista, una visión tan desarroll
para la parte astral del aura; pero en los prin
dos de clarividencia suele percibirse el cuer
antes que el aura de salud, en razón del brillo
de sus colores y de su continuo movimiento.

CAPÍTULO XX

El cuerpo causal del adepto

Las láminas de este libro serán probablemente bastante instructivas para quienes todavía no pueden ver ninguno de los cuerpos superiores del hombre, y con esta esperanza las hemos publicado. En cuanto a las personas que *pueden ver,* aun reconociendo el mérito del trabajo del artista, así como su habilidad, estarán unánimemente de acuerdo en que ningún esfuerzo humano puede estampar sobre la tela o el papel, de una manera adecuada, ni aun el más inferior de los planos superfísicos. Si esto es así, ¿cuánto mayor será la imposibilidad de representar el aura del adepto, esto es, el aura del hombre que no sólo ha alcanzado la meta de la humanidad, sino que la ha transpuesto y se ha convertido en sobrehumano?

Las dimensiones del cuerpo causal del adepto han crecido extraordinariamente. Su radiante fulgor resplandece como el sol. Su brillo confunde y transpone los límites de la imaginación. Es tal su magnificencia, que no sabríamos dar idea de la belleza de su forma y de su color, pues en el lenguaje humano no hay palabras para describir estas radiantes esferas. El cuerpo causal del adepto por sí solo exigiría un volumen; mas sólo puede describirlo acabadamente un hombre muy avanzado en el Sendero.

Sin embargo, se echa facilmente de ver, que el cuerpo causal del adepto no sólo es mucho mayor que el del hombre vulgar, sino que sus colores están dispuestos de manera distinta. Han cesado ya de moverse como nubes turbulentas y están ordenados en vastas divisiones concéntricas, penetradas por todas partes por rayos de vívida luz que brotan del adepto como de un centro de fuerza. El orden de los colores cambia según la clase a que el adepto pertenece, de suerte que pueden distinguirse muchas variedades entre estos esplendentes vehículos.

Parecerá extraño, que dado el carácter oculto del tema que nos ocupa, se nos haya revelado perfectamente por las imágenes del Buddha que pueden verse groseramente pintadas en los muros de los templos de Ceilán. El gran Instructor está habitualmente representado con aureola, cuyos colores y *disposición general* serían manifiestamente impropios e inadmisibles, si se refiriesen a un hombre vulgar, o a un *simple adepto,* (dicho sea con toda reverencia). Por lo tanto, estas figuras son la pintura grosera y material del cuerpo causal de un adepto del tipo particular a que pertenecía aquel gran ser. También es muy notable que los rasgos del aura de salud estén señalados en algunas de aquellas primitivas figuras.

Aunque es imposible pintar el cuerpo causal del Maestro, no será ocioso dar idea aproximada de las dimensiones y del aspecto relativos del cuerpo causal de uno de Sus discípulos más avanzados, del que ha alcanzado el cuarto grado en el Sendero, esto es, el del arhat, si se adopta la terminología de los libros orientales. [1] Esto es lo que se ha tratado de hacer en la

(1)   Véase *Protectores Invisibles.*

XXVI

lámina XXVI. Mas la imaginación del lector deberá suplir la insuficiencia de esta figura por un esfuerzo más intenso que los de costumbre. En efecto, los colores de este cuerpo causal están caracterizados por dos cualidades opuestas que nos es imposible conciliar en el plano físico. En primer lugar, son notablemente más delicados y etéreos que ninguno de los precedentemente descritos. Además, son muchísimo más intensos, brillantes y luminosos. Hasta que hayamos aprendido a pintar con fuego, en vez de con colores sólidos o líquidos, permaneceremos encerrados en un indescifrable dilema: si intentamos representar la intensidad y la riqueza de las tonalidades de este vehículo, caeremos en lo pesado y opaco; si tratamos, por el contrario, de aproximarnos a la admirable transparencia y luminosidad del original, nuestros colores carecerán por completo del maravilloso tinte vívido y de la complejidad de matices que le caracteriza. Puesto que hemos hecho un esfuerzo para dar idea de la forma ovoide y de la transparencia de los otros cuerpos causales, tal vez será mejor limitarnos a representar la riqueza de colorido, la disposición general y las dimensiones relativas del vehículo del arhat. Pero no lograremos tal resultado, sino reduciendo la dimensión del cuerpo físico; pues si nos atenemos a las proporciones adoptadas precedentemente, la representación del cuerpo causal del arhat ocuparía algunos metros cuadrados. Así pues, nos vemos obligados a reducir considerablemente el diseño de la forma física, a fin de que el cuerpo causal, disminuído en la misma proporción, no exceda de las dimensiones de una lámina doble. Como quiera que sea, la lámina sólo puede ayudarnos a formar una idea del vehículo superior del arhat, que seguramente será lo más cercana posible a la realidad.

Si examinamos la figura, nos sorprenderán desde el primer momento el admirable desarrollo de las superiores cualidades de inteligencia, amor y devoción; la hondísima simpatía y sublime espiritualidad que atestigua. La poderosa expansión del poder divino que hemos observado en la lámina XXI, se encuentra aquí extraordinariamente multiplicada, puesto que la personalidad del arhat se ha convertido en un canal que puede dejar paso casi expedito a la vida y energía del Logos. No solamente irradia de él la luz blanca, sino que todos los matices del arco iris cabrillean a su alrededor, como los cambiantes y tornasolados tonos del nácar, resultando que cuantos se aproximan a esta luminosa aura, fortalecen sus superiores cualidades. Nadie puede acercarse a la esfera de acción de un ahrat, sin perfeccionarse. El ahrat ilumina cuanto le rodea, a manera del sol, pues como el mismo sol se ha convertido en manifestación del Logos.

El cuerpo mental y el astral que van unidos al vehículo superior del ahrat, no tienen, por decirlo así, color propio. Son, en cierto modo, reflejo del cuerpo causal, su repetición en octavas inferiores y manifiestan espléndidos matices, de los que ninguna opalescencia alabastrina o nacarada podría dar idea.

El estudio de los habitualmente invisibles cuerpos del hombre, nos habrá enseñado que el verdadero Yo está revestido de ellos, y no de la aglomeración de materia física concretada en su centro, a la cual neciamente concedemos una importancia que poco merece. Y conviene determinar bien, que en realidad no podemos percibir el hombre verdadero, es decir, la trinidad divina que está en nosotros. Pero cuanto más se perfeccionan nuestra percepción y nuestro conocimiento, más nos acercamos al verdadero hombre que está en nosotros y revela al mismo Dios. Ahora bien; el cuerpo causal es el superior vehículo accesible a nuestra percepción y nos dará el más exacto concepto del verdadero hombre. Si nos colocásemos en el plano mental para considerar al hombre en sí, no podríamos ver naturalmente de él más que lo que se manifiesta por medio del cuerpo mental, o sea la expresión de la personalidad. Si lo examinamos en el plano astral lo veremos más velado todavía sin descubrir de él más que lo vislumbrado a través del cuerpo de deseos. Por último, en el plano físico, el verdadero hombre está totalmente oculto.

Estos conocimientos pueden inducirnos a sentir un poco más de amor hacia nuestros semejantes, haciéndonos comprender cuán superiores son siempre a lo que aparentan ser ante nuestros sentidos físicos. Las potencias superiores están ocultas y dormitan en lo íntimo de su naturaleza, y muchas veces bastaría tan sólo evocarlas para que surgiesen de su adormecimiento y se actualizasen. Después de haber estudiado al hombre tal como es, nos sería mucho más fácil penetrar a través del espeso velo de la materia, e imaginarnos la brillante realidad que tras él se oculta. Nuestra fe en la humana naturaleza se acrecentará a medida que comprendamos mejor su relación con la divina, y ayudaremos más fácil y eficazmente a nuestros hermanos, cuando estemos bien penetrados de la certeza de que ellos y nosotros constituimos una sola unidad.

Si la divina luz brilla más pura en nuestra frente, es para iluminar mejor a nuestros hermanos; y si ocupamos en la escala del progreso un peldaño elevado, es únicamente para tenderles una mano compasiva y atraerlos hacia el fin que todos deben alcanzar. Cuanto mejor comprendamos el plan evolutivo cuya manifestación acabamos de estudiar, mejor comprenderemos también el verdadero y sublime sentido del sacrificio del Logos. Y esto es tan hermoso, tan perfectamente superior a todo cuanto nuestro pensamiento puede concebir, que basta haberlo entrevisto una vez para entregarse por entero al cumplimiento del Acto inconmensurable. Sin duda, ¡ay!, cooperamos en humilde medida a esta obra divina; pero ¿qué importa? Quien trabaja con Dios trabaja para la eternidad, y no para el tiempo; y siglos tras siglos, a través de las infinitas profundidades del porvenir, nada prevalecerá jamás contra Su obra.

FIN